福建省社会科学规划项目
(FJ2020T007)成果之一

社会资本视角下福建省乡村儿童与流动儿童行为问题的差异比较研究

张芳华 李付伟／著

同济大学出版社
TONGJI UNIVERSITY PRESS
·上海·

图书在版编目(CIP)数据

社会资本视角下福建省乡村儿童与流动儿童行为问题的差异比较研究 / 张芳华,李付伟著. -- 上海:同济大学出版社,2022.12
ISBN 978-7-5765-0573-3

Ⅰ.①社… Ⅱ.①张… ②李… Ⅲ.①农村-儿童-行业分析-社会问题-研究-中国 Ⅳ.①D669.5

中国版本图书馆 CIP 数据核字(2022)第 251317 号

社会资本视角下福建省乡村儿童与流动儿童行为问题的差异比较研究
张芳华 李付伟 著

| 责任编辑 | 张 睿 | 责任校对 | 徐春莲 | 封面设计 | 每日一文 |

出版发行	同济大学出版社　　www.tongjipress.com.cn
	(地址:上海市四平路1239号　邮编:200092　电话:021-65985622)
经　　销	全国各地新华书店
印　　刷	常熟市大宏印刷有限公司
开　　本	889 mm×1194 mm　1/32
印　　张	6
字　　数	161 000
版　　次	2022年12月第1版
印　　次	2022年12月第1次印刷
书　　号	ISBN 978-7-5765-0573-3
定　　价	45.00元

本书若有印装质量问题,请向本社发行部调换
版权所有　侵权必究

自序

问题行为差异比较研究扩展了单一群体的研究限制，不仅是研究一个群体，而是研究两个或是多个群体。通过比较，可辨识出何种群体属于较为弱势群体，为政策介入提供科学证据。笔者之前所进行的差异比较研究，主要是比较东南亚籍迁徙家庭和当地家庭其子女在学业成就间的差异，利用跟踪数据发现迁徙不利于既有人脉的维持，相较于当地家庭，迁徙家庭的家庭社会资本、学校社会资本和同伴社会资本较少，因此子女的学业成就较低。研究结果还指出不同类型的社会资本，其作用不同，除了正向功能，有的反而产生负面功能。

到了闽江学院社工系任教后，笔者的关注点从国际迁徙家庭转移至国内迁徙家庭，即流动儿童家庭，又可被称为随迁儿童家庭。"流动儿童"是随着父母亲或其中一方从乡村到城市或从城市到乡村就学半年以上的儿童，一般以乡村迁徙至城市的流动儿童人数为多。在统整相关文献后，笔者发现此群体为值得研究的群体，针对此群体的研究议题虽多，但多为单一群体研究,极少有比较研究,而从社会资本的视角是否可解释国内迁徙家庭与乡村家庭及其子女问题行为的差异,仍是未知的议题。

依据既有文献,我国流动儿童的外化问题行为发生率显著高于城市儿童,且流动儿童人数众多,约占就学儿童人数10%,不同数据库显示,此群体达1 400万人以上,福建省义务教育阶段流动儿童人数居全国省份第四位。当儿童阶段的问题行为可预测未来成人犯罪率时,有必要通过研究了解迁徙、社会资本和问题行为间的关联,了解何种社会资本可解释流动儿童与乡村儿童群体间问题行为的差异,以减少问题行为发生,从而降低犯罪率所造成的社会成本。福建省作为流动儿童人数较多的省份,研究结果应能够提供给其他有较多流动儿童人口的省份用作其政策介入依据。

一般认为,迁徙代表压力与挑战,流动儿童从乡村到城市,需要适应新环境,相较于之前的乡村生活,到城市生活面临新压力,如家长因忙于工作减少陪伴时间、祖辈多在乡村因而缺乏祖辈支持、城市人对于乡村不了解而产生偏见与歧视、新班级中同伴的排斥、新教材及教法的适应等,这样的压力源或许弱化了流动儿童各方面的社会资本,进而增加其问题行为。不过,迁徙对造成问题行为的影响,对于不同居住安排类型流动儿童的作用应不同。从留守儿童研究文献,可知不同居住安排类型对留守儿童身心发展有不同影响,有较多家长和祖辈支持的留守儿童,其心理和行为与当地儿童无显著差异。目前对流动儿童的研究多将此群体视为同质群体,忽略了此群体的异质性组成。根据研究,随双亲从乡村至城市生活的流动儿童虽占85%的多数,仍有不同类型的流动儿童,如随父亲迁徙者、随母亲迁徙者,不同居住安排类型流动儿童的问题行为是否高于乡村儿童,通过何种影响机制,是本书研究的重点之一。

  为期近一年的跟踪调查,构成了本书的基础,随着数据的搜集与分析,研究结果呈现出复杂的图像,有些结果并非依照理论或假设所预期的那样,这凸显本研究结果的独特性,也显示出更多研究与讨论的必要性。以上就是笔者研究思想的背景,是以此为序。

张芳华
2022年1月12日

目 录

自序

第一章 研究背景及文献综述 …………………………… 001
  一、研究背景 ……………………………………………… 001
  二、文献综述 ……………………………………………… 011

第二章 样本、研究方法及变量测量 …………………… 053
  一、抽样方式 ……………………………………………… 053
  二、调查人数与流失率 …………………………………… 054
  三、样本组成 ……………………………………………… 055
  四、研究方法 ……………………………………………… 057
  五、变量测量 ……………………………………………… 062

第三章 外化问题行为影响因素 ………………………… 066
  一、青少年社会资本与外化问题行为分布 …………… 066
  二、变量间相关 …………………………………………… 069
  三、不同类型流动儿童与乡村儿童在 T1 上的横断面
     差异 …………………………………………………… 072

四、不同类型流动儿童与乡村儿童在 T2 上的差异
.... 078
五、三类社会资本对群体间外化问题行为的解释力
.... 090

第四章 吸烟行为预测因素 095
一、青少年吸烟行为分布 095
二、变量间相关 096
三、流动儿童与乡村儿童在吸烟行为(T1)上的差异
.... 098
四、三类社会资本对群体间吸烟行为差异的解释力
.... 099

第五章 喝酒行为预测因素 101
一、青少年喝酒行为分布 101
二、变量间相关 102
三、流动儿童与乡村儿童在喝酒行为(T1)上的差异
.... 103
四、流动儿童与乡村儿童在喝酒行为(T2)上的差异
.... 105
五、三类社会资本对群体间喝酒行为差异的解释力
.... 106

第六章 研究结果、讨论及建议 110
一、群体间社会资本与外化问题行为的差异 110

二、外化问题行为结果讨论 …………………………… 113
三、吸烟行为结果讨论 ………………………………… 119
四、喝酒行为结果讨论 ………………………………… 121
五、问题行为改善建议 ………………………………… 123
六、对未来研究的建议 ………………………………… 133
七、本书研究总结 ……………………………………… 136

参考文献 ………………………………………………… 141

附录1 福建省社会科学规划项目调研前专家咨询结论 … 155
附录2 第一次学生调研问卷 …………………………… 156
附录3 第一次家长调研问卷 …………………………… 161
附录4 第二次学生调研问卷 …………………………… 166
附录5 第二次家长调研问卷 …………………………… 169
附录6 参与福建省社会科学规划项目(FJ2020T007)
人员名单 ………………………………………… 173

图表目录

表1 义务教育阶段就学儿童在校人口与流动儿童在校人口规模数据(2013—2019年) ⋯⋯⋯⋯ 002
图1 研究思路架构图 ⋯⋯⋯⋯⋯⋯⋯⋯⋯⋯⋯⋯ 010
图2 历年流动儿童相关文献的发展 ⋯⋯⋯⋯⋯⋯ 017
表2 历年流动儿童研究领域分布情形 ⋯⋯⋯⋯⋯ 019
表3 社会资本论点比较 ⋯⋯⋯⋯⋯⋯⋯⋯⋯⋯⋯ 043
表4 样本人口社经背景基本变量 ⋯⋯⋯⋯⋯⋯⋯ 055
表5 流动儿童与乡村儿童社会资本和外化问题行为(T1)平均数差异比较 ⋯⋯⋯⋯⋯⋯⋯⋯⋯ 067
表6 流动儿童与乡村儿童外化问题行为(T2)平均数差异比较 ⋯⋯⋯⋯⋯⋯⋯⋯⋯⋯⋯⋯⋯ 068
表7 第一次调研主要变量与外化问题行为间相关分析($N=756$) ⋯⋯⋯⋯⋯⋯⋯⋯⋯⋯⋯⋯ 070
表8 第二次调研主要变量与外化问题行为间相关分析($N=706$) ⋯⋯⋯⋯⋯⋯⋯⋯⋯⋯⋯⋯ 071
表9 预测儿童外化问题行为(T1)的多元线性回归模型($N=756$) ⋯⋯⋯⋯⋯⋯⋯⋯⋯⋯⋯⋯ 073

表10　预测儿童攻击行为(T1)的多元线性回归模型
　　　($N=756$) ………………………………………… 075
表11　预测儿童越轨行为(T1)的多元线性回归模型
　　　($N=756$) ………………………………………… 077
表12　预测家长版报告外化问题行为(T2)的多元线性回归
　　　模型($N=706$) …………………………………… 080
表13　预测家长版报告攻击行为(T2)的多元线性回归模型
　　　($N=706$) ………………………………………… 082
表14　预测家长版报告越轨行为(T2)的多元线性回归模型
　　　($N=706$) ………………………………………… 083
表15　预测学生版报告外化问题行为(T2)的多元线性回归
　　　模型($N=706$) …………………………………… 085
表16　预测学生版报告品行问题(T2)的多元线性回归模型
　　　($N=706$) ………………………………………… 087
表17　预测学生版报告多动行为(T2)的多元线性回归模型
　　　($N=706$) ………………………………………… 089
表18　社会资本在流动儿童居住安排与家长版报告外化问
　　　题行为(T1)关系间的中介效应($N=756$) ……… 091
图3　社会资本在流动儿童居住安排与外化问题行为(T1)
　　　预测关系中的中介模型 ……………………………… 092
表19　社会资本在流动儿童居住安排与家长版报告外化
　　　问题行为(T2)关系中的中介效应检验($N=706$) … 093
图4　社会资本在流动儿童居住安排对外化问题行为(T2)
　　　预测关系中的中介模型 ……………………………… 094
表20　流动儿童与乡村儿童吸烟行为比较结果 ………… 096

表 21	主要变量与吸烟行为间相关分析 ················· 097
表 22	预测儿童吸烟行为(T1)的逻辑回归模型 ($N=756$) ················· 099
表 23	社会资本在流动儿童与吸烟行为(T1)关系中的 KHB 中介效应分析 ($N=756$) ················· 100
表 24	流动儿童与乡村儿童喝酒行为比较结果 ············ 102
表 25	主要变量与喝酒行为间相关分析 ················· 103
表 26	预测儿童喝酒行为(T1)的逻辑回归模型 ($N=756$) ················· 104
表 27	预测儿童喝酒行为(T2)的逻辑回归模型 ($N=706$) ················· 106
表 28	社会资本在流动儿童与喝酒行为(T2)关系中的 KHB 中介效应分析 ($N=706$) ················· 107
表 29	问题行为研究结果统整表 ················· 108

第一章

研究背景及文献综述

一、研究背景

(一) 研究问题

迁徙的议题一直是国内外研究的焦点,国外研究已指出国境内迁徙与流动对个体的心理与行为会产生负面的影响,尤其是因家长外出工作被留在户籍地的留守儿童,这不同于国际迁徙所产生的相对较佳的结果[1]。Lu发现从乡村到城市工作的成人,其抑郁症和吸烟程度皆高于居住在乡村者[2]。为了获得更好的工作机会与生活品质,国内跨区域迁徙在我国已成为普遍现象。《中国流动人口发展报告2018》指出,我国流动人口数于2017年已达2.44亿人,占总人口数约17%[3]。不过,受到父母亲工作与搬迁影响的儿童,不仅是待在乡村的留守儿童而已,还包含随着父母亲或者其中一方从乡村到城市就学半年以上的流动儿童(又称"随迁儿童")。Hu等比较留守儿童、流动儿童与当地城市儿童问题行为的差异,研究结果显示,前两类儿童的内化行为问题和外化行为问题发生率均显著高于当地儿童,其中,流动儿童有较多的偏差越轨等外化行为[4]。熊猛、叶一舵的研究述评也指出,与当地儿童相较,流动儿童有较多的行为问题[5]。2018年教育部的统计数据显示,2014—2018年随迁儿童增加近300万人,2016年其人数已超越留守儿童,这是因为从这一时期开始流动人口倾向将孩子一起带到城市生活,而非将孩子留在户籍地。虽然近年来流动儿童的数量成长趋缓(表1),但就数量而言仍在持续增加中。当此类群体逐渐增长时,也意味着他们的外化行为问题将持续增加。Liu指出,儿童时期攻击和越轨等外化行为是成人时期犯罪与暴力行为的重要预测因素[6],为降低犯罪率,有必要通过研究了解此群体在问题行为上的发展,分析此群体和本地儿童发展上的差异,并了解可降低差异的机制。据《中国流动儿童教育发展报告(2016)》统计,福建省为义务教育阶段随迁子女人数位居全国第四名的省份,人数仅次于广东省、江苏省与浙江省,处于义务教育阶段的流动儿童人口数约为95.8万人,主要集中于城市地区[7]。考虑流动儿童行为问题的差异研究较为缺乏,福建省作为流动儿童人数较多的省份,研究结果或许能够提供给其他有较多此群体人口的省份用作其政策介入依据。

表1 义务教育阶段就学儿童在校人口与流动儿童在校人口规模数据(2013—2019年)

年份	就学儿童在校人数(单位:万人)[1]	流动儿童在校人数(单位:万人)[1]	流动儿童比例	流动儿童在校人数(单位:万人)[2]	流动儿童比例
2013	13 800	1 277.17	9.25%	1 613.59	11.69%
2014	13 800	1 294.73	9.38%	1 708.90	12.38%
2015	14 000	1 367.10	9.77%	1 810.86	12.93%

(续表)

年份	就学儿童在校人数（单位:万人）[1]	流动儿童在校人数（单位:万人）[1]	流动儿童比例	流动儿童在校人数（单位:万人）[2]	流动儿童比例
2016	14 200	1 394.77	9.82%	1 850.74	13.03%
2017	14 500	1 406.63	9.70%	1 897.45	13.09%
2018	15 000	1 424.04	9.49%	—	—
2019	15 400	1 426.96	9.27%	—	—

(1) 数据来源:历年全国教育事业发展统计公告。
(2) 数据来源:历年教育部网站。

国内流动儿童的研究,一派探讨流动儿童在心理上与教育适应的影响因素,Wu等发现家庭社会资本对流动儿童的社会心理调适最为重要[8],学校和同伴社会资本也有一定的影响,此议题的贯时性研究可参见胡之骐、张希希等的文章[9]。另一派研究则多比较此群体和当地儿童在心理健康上的差异,周皓将流动儿童进一步区分为就读于公立学校和流动儿童民办学校的两个群体,发现与当地城市儿童相较,在孤独感和抑郁感程度上三群体间有显著差异,亲子关系则可部分解释公立学校流动儿童和当地儿童在孤独感上的差异[10]。邓林园等探讨父母陪伴与自我价值观间的关联性是否随不同群体而异,结果显示流动儿童和当地城市儿童并无显著差异[11]。先前研究多注意群体间内化心理问题的差异,至今并无群体间在外化问题行为上差异的研究。

当Hu等发现流动儿童有较多的外化问题行为时[4],本研究将差异研究扩展至代表攻击与越轨违纪的外化行为议题上。在压力调适文献上,烟与酒皆被视为纾解压力的物质,而迁徙与环境变动则代表着压力来源,随迁儿童面对这些压力,是否产生较多的吸烟与喝酒行为,这是 Lau 等[12]、Zhang 等[13]所感兴趣的议题,亦是本研究将探讨的行为议题之一。既有文献对促进差异研究发展有极大贡献,不过,现今差异研究至少仍有三方面不足之处。

1. 多数差异研究未选择适当的比较对象,忽略流动儿童内部的异质性

在差异比较研究中,会涉及两个研究议题:一是流动儿童和谁比较的问题;二是哪一类流动儿童更为弱势更需政策介入关心的问题。在前一个议题上,多数研究以城市儿童作为比较参考对象,欲了解迁徙与适应过程对于从乡村至城市就读流动儿童的影响。本研究指出应选择以乡村儿童作为比较对象,而非选择城市儿童作为比较对象。因城市儿童已受到城市化影响而发展出较多问题行为,若以其为比较对象,将低估两群体发展上的差异。Lu 指出要选择适当的比较对象,否则无法正确评估迁徙的效果,研究结果发现,若以最终迁徙地的人口作为比较对象,会低估迁徙者和迁徙地人口在吸烟程度上的差异,该研究建议应以原本迁徙处的人口作为比较对象[2]。Lu 等提出应以国内乡村儿童作为比较对象,该研究依居住安排将留守儿童区分成三类,比较流动儿童、三类留守儿童和乡村儿童在内化行为问题和外化行为问题上的差异[14]。在内部异质性议题上,留守儿童的相关研究已了解内部组成异质性的影响,可参见 Zhang 等和 Lu 等[13-14]的差异研究。依据就学情形,流动儿童在目前的研究中被区分成两类,研究多假定流动儿童和双亲同住。彭华民、刘玉兰的研究已指出约 85% 的流动儿童与父母一起生活,仍尚有约15%的流动儿童属于其他居住安排模式[15]。黄聚云、晏妮发现相较于与父母亲同住的随迁儿童，只和父亲同住的儿童增加了其攻击行为,只和母亲同住的儿童则增加了其吸烟与喝酒等健康危险行为[16]，这表示在欠缺双亲照顾与监督的环境下，将增加问题行为的发生频率。因此,本研究将探讨和父亲同住、和母亲同住、和双亲同住三种类型的流动儿童，可与留守儿童既有研究相对照，了解哪类群体为问题行为较多的群体。值得一提的是，本研究与其他留守儿童研究最大的不同之处,在于留守儿童并没有和双亲同住的居住安排类型,但有双亲皆外出工作的居住安排类型。

2. 差异解释的研究绝大部分欠缺理论的引导,难以促成理论发展

在解释群体间差异上,本研究将以社会资本论点作为理论依据，社会资本意指镶嵌在社会关系网络中的资源,这些关系中的资源会影响个体的特定行为。Pettit 和 McLanahan 指出，居住地搬迁不利于某些社会资本的积累[17]，由于迁徙不仅破坏了既有的社会网络联结,相较于不搬迁的家庭,搬迁者也难以成功发展新的社会网络,造成社会资本的减少。换言之，迁徙所产生的不利结果，是因为社会资本减少所造成的，故社会资本可用以解释迁徙群体和非迁徙群体发展上的差异,Lau 等便发现迁徙和非迁徙群体间初次吸烟行为的差异,可部分由家长监督来解释[12]。定性研究也指出社会支持网络影响着流动儿童的调适行为[18]，但至今为止，尚未有研究运用社会资本观点来解释乡村儿童和流动儿童问题行为发展上的差异，考虑求学阶段的学生主要活动场域为家庭和学校,故本研究不探讨社区社会资本的作用,而着重在家庭社会资本、学校社会资本和同伴社会资本上。本研究分析结果可促进社会资本论的发展,国外研究应用在迁徙的成人和儿童身上,本研究则应用在我国日渐增加的流动儿童身上。

3. 既有研究多为横断面设计,难以排除反向因果性的可能

国内关于问题行为的研究,全部为横断面研究设计(详见本章"文献综述"),研究只搜集一个时间点的资料。当横断面研究结果指出社会资本和问题行为间有显著关系时,可能代表有较少问题行为的青少年,他们的家庭、师生、同伴社会资本较多,而不是代表较多的家庭、师生、同伴社会资本可减少青少年的问题行为,因为横断面研究只能确认变量间的关系,不能说明变量间的时序关联,而时序关联是宣称变量有因果性的要素之一。因此,需搜集两个时间点或以上数据才较能了解变量间的因果关联。

Yang 等发现[19],在我国吸烟行为多发生于 12~15 岁,故以此年龄群体作为研究对象,即搜集初中生样本为主。值得一提的是,依据联合国《儿童权利公约》内容,儿童是指 18 岁以下的个体。根据联合国世界卫生组织的界定,青少年为 10~19 岁的群体。换言之,本研究的群体属于青少年群体,也属于儿童群体,因此,本研究中指称的儿童和青少年可交互使用。本研究不仅分析横断面群体间问题行为差异结果,亦收集两个时间点资料以分析群体间在问题行为发展上的差异。

在上述研究背景与理论引导下,本书研究欲探讨以下三个问题:

(1)不同居住安排类型流动儿童与乡村儿童在问题行为上

是否存在差异？不同居住安排类型流动儿童与乡村儿童在问题行为发展上是否存在差异？

（2）家庭社会资本、学校社会资本、同伴社会资本是否能解释群体间问题行为的差异？家庭社会资本、学校社会资本、同伴社会资本是否能解释群体间外化问题行为发展的差异？解释程度如何？

（3）从不同问题行为指标来看，群体间主要差异是来自问题行为中的外化问题行为吗？抽烟行为还是喝酒行为？

总而言之，本研究欲从社会资本的视角，搜集两个时间点跟踪数据，以不同居住安排类型为自变量，以乡村儿童为参照群体，三类社会资本作为中介变量，以家长报告问题行为和学生报告问题行为作为因变量，包含攻击、违纪、品行、多动、吸烟、喝酒等。一方面分析三类流动儿童与乡村儿童在行为问题上的差异；另一方面当发现差异后，建立起解释差异的机制，定量描述和讨论群体间问题行为的差异，解释差异因素，检验流动儿童内部的异质性与分布情况，检验社会资本论解释中国儿童问题行为的适用性，针对研究结果，提出相关的政策建议，以期改善流动儿童的问题行为，促进社会和谐发展。

（二）研究意义

本研究就两方面而言具有重要性：一是青少年外化问题行为对未来暴力、犯罪的影响；二是对未来学业成就的影响。

1. 就青少年时期问题行为对未来犯罪相关行为影响而言

Liu统整过去早期文献[6]，将外化问题行为聚焦在攻击、越轨与多动行为上，指出有较多外化问题行为的儿童，较可能成为青少年时期的违纪者及成人时期的犯罪者，有较多内化问题行为者,长大较可能成为焦虑者。后续跟踪研究表明,青少年时期违纪行为能预测成人时期犯罪行为,早期有饮酒行为的儿童,之后在青少年时期会有较多的饮酒行为,进而增加成人时期饮酒行为[20]。跨国研究显示,这二者间的关联在高收入国家和低收入国家的结果相似,表示儿童时期违纪是成人时期暴力和犯罪行为的重要预测指标,社会经济因素的影响力较弱[21]。最近的元分析结果显示,儿童时期的多动症显著与青少年及成年时期被捕、被定罪和被监禁间有正向关联[22]。这些研究皆呼吁为避免未来犯罪率增加,减少社会成本,预防策略应着重在早期的外化问题行为的防治上。当流动儿童研究文献显示此群体有较多的外化问题行为时,分析此群体问题行为的影响因素和造成流动儿童与乡村儿童问题行为差异的因素,对预防犯罪有其重要性。虽然我国青少年罪犯人数自2008年呈现逐年下降趋势,至2013年约为55 000人,但青少年罪犯占刑事罪犯比例仍高达20%以上[23],了解青少年外化问题影响因素,可落实青少年犯罪预防计划中"抓小抓早"的策略,达到防微杜渐的效果。

2. 就青少年时期问题行为对未来学业成就影响而言

既有跟踪研究指出,在控制儿童智力、家庭环境特征与晚期问题行为后,小学阶段问题行为仍能预测初中的学业成就,小学学童注意力、内化与外化问题越多,高中语文和数学成绩越差,显示出问题行为会阻碍认知技能的获得,即使学业成就受到许多因素影响,但不可忽略的是,问题行为对学业成就具有长期的效应[24]。McLeod等指出,抑郁无法预测高中学业成就,但违纪、吸烟、喝酒行为可以预测未来学业成就,研究结果呈现出认知能力是问题行为的产物[25]。Zimmermann等发现初中生外化问题行为会降低未来的成绩,而较差的成绩也会降低自尊,进而增加个体的外化问题行为,外化问题行为和学业成就间为相互影响作用(the reciprocal effects),研究结果呈现出高外化问题行为—低学业成就—高外化问题行为间的恶性循环[26]。当目前学业成就是未来学业成就重要的预测指标也是未来获得较好就业机会的要素时,辨识出影响外化问题行为的关键因素,提出解决干预措施,可打破问题行为和低学业成就间的恶性循环,这不仅将改善青少年问题行为,更有利于提高青少年未来的学业成就,提升我国人力资本的质量。

此外,本研究选择乡村儿童作为适当的比较对象,且区分不同居住类型的流动儿童,这有助于了解迁徙的结果与流动儿童内部异质性,研究结果亦能与既有文献中不同类型留守儿童的研究相对照。Yang 等指出,与双亲在家的儿童相较,父亲在家和双亲不在家的留守儿童表现较差,较易有吸烟行为,但母亲在家留守儿童和双亲在家儿童相较,在吸烟行为表现上,两群体未有显著差异产生[19]。或许在流动儿童群体中,可观察到特定群体的行为表现较差,如同留守儿童的研究结果一样。

(三)研究设计

本研究的基本思路是对不同群体进行定量对比分析,又可称为差异研究。将就读初中的乡村儿童视为对照组,就读初中的流动儿童依居住形态区分为三个类型,为主要自变量。搜集第一个时间点的家庭社会资本、学校社会资本和同伴社会资本资料(T1),搜集第一个时间点(T1)和半年后第二个时间点(T2)的问题行为作为因变量。人口社经背景控制变量包含学生性别、年龄、双亲健全状态、家长婚姻状态、家长受教育程度。研究目的在于了解乡村儿童和流动儿童在行为问题上的差异,并分析三类社会资本是否可解释群体间发展的差异,属于横断面与前瞻性研究的设计(图1)。若群体间在问题行为上有差异存在,加入特定社会资本后,群体间差异减少,中介分析结果也证实特定社会资本的中介效应,则表明特定社会资本可解释群体间问题行为的差异。

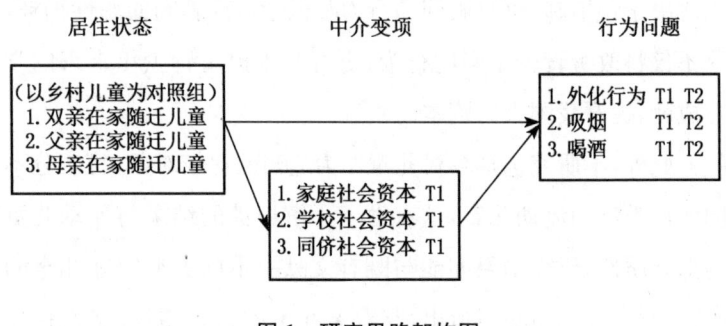

图1 研究思路架构图

(四)本书结构

本书包含四部分,共分为六章,如下所示。

第一部分为第一章内容,即研究背景与文献综述,介绍研究问题、意义、设计及本书结构,对既有研究进行梳理与讨论,分为流动儿童人数、流动儿童研究发展趋势、流动儿童研究议题、流动儿童与其他儿童的比较研究、流动儿童的贯时性跟踪研究、社会资本论,以及迁徙、社会资本与问题行为间关系七部分。

第二部分为第二章内容,涉及样本、研究方法与变量测量。先说明样本,包含抽样方式、调查人数与流失率、样本组成、描述性统计、相关分析、Dunnett 检验、卡方检验、多元线性回归分析、AMOS 22.0 结构方程模型、逻辑回归分析、KHB 法、分析模型设定。接着说明变量测量,包含量表使用、变量测量。

第三部分涉及研究结果,为第三章、第四章和第五章内容,包含外化问题行为影响因素、吸烟行为预测因素、喝酒行为预测因素。第三章说明外化问题行为影响因素,包含青少年社会资本与外化问题行为分布、变量间相关、不同类型流动儿童与乡村儿童在外化问题行为(T1)上的差异、不同类型流动儿童与乡村儿童在外化问题行为(T2)上的差异、三类社会资本对群体间外化问题行为的解释力。第四章说明吸烟行为预测因素,包含青少年吸烟行为分布、变量间相关、流动儿童与乡村儿童在吸烟行为(T1)上的差异、三类社会资本对群体间吸烟行为差异的解释力。第五章说明喝酒行为预测因素,包含青少年喝酒行为分布、变量间相关、流动儿童与乡村儿童在喝酒行为(T1)上的差异、流动儿童与乡村儿童在喝酒行为(T2)上的差异、三类社会资本对群体间喝酒行为差异的解释力。

第四部分涉及研究结果讨论、研究建议及总结。先讨论群体间社会资本与外化问题行为的差异,外化问题行为、吸烟行为、喝酒行为研究结果,并与先前的研究结果相对照。再说明研究建议及总结,包含问题行为改善建议、未来研究建议,并对全书进行总结。最后为参考文献、使用问卷内容及参与调查人员名单。

二、文献综述

这一部分统整1991—2020年"流动儿童"研究文献,以了解流动儿童人数、流动儿童研究发展趋势、相关议题及不足之处,并从社会资本的视角来分析儿童的问题行为。

(一)"流动儿童"人数研究

流动儿童人数调查随概念定义的发展和调查技术的进步而日益明确,呈现出从早期地区性人数调查到现今的全国流动儿童人口统计的样貌。20世纪90年代的流动儿童的数据来自防疫部门的登记,属于公共卫生医疗领域议题。防疫领域的医生和研究者开始对流动儿童进行调查统计,有了流动儿童的较早数据,那个时候,流动儿童被区分为"市内流动儿童"和"市外流动儿童"。后来,学者们研究所谓的"流动儿童",即是这里的"市外流动儿童"的一部分——来自农村的儿童。根据1993年肖贤武、吴述仁对武汉市外来务工人口集聚地——江岸区西马街亚六居委会包家汀1—55号的调查,"市外流动儿童"占调查人口的10.5%[27]。需要指出的是,在这里引用防疫部门医生获得的数据及后续研究的数据,都不是对流动儿童群体进行研究得到的确切数据,研究结果并非通过随机抽样调查得到,有相当多的儿童并没有去社区医院登记接受服务。

时隔两年之后,卫生局干部俪国兴研究浙江省诸暨市流动儿童免疫问题,对"流动儿童"的概念及存在形式做了界定[28]。流动儿童是指在当地没有正式户口的儿童,包括计划外生育无户口者。其形式有长期随父母外出打工的儿童,在外地偷生、超生的儿童,本地计划外生育无户口注册的儿童,在亲戚好友家长期寄居或走亲访友的儿童。根据1993年浙江省诸暨市的调查,0～47月龄儿童中流动儿童占全市儿童总数的8.33%。俪国兴对流动儿童的界定,仅限于无本地正式户口的儿童。虽然俪国兴对流动儿童的定义与现在对流动儿童的定义相差甚远,但实际上,他的定义指出了流动儿童最核心的问题:无本地正式户口。只不过随着时代的发展,我国人口政策做了调整,计划外生育儿童可以登记本地正式户口。父母是城市户口的儿童不再是"黑户";或寄养在亲戚家,父母是农村户口的儿童也能登记农村户口。"流动儿童"就只剩农村户口的儿童。根据楚金贵等的研究[29],20世纪90年代我国流动儿童的比例占免疫接种服务地区儿童总数的15.0%~23.0%。这是第一次有学者根据社会调查统计结果推论得到同期全国流动儿童的数据。

肖贤武、吴述仁的数据是武汉市外来人口集聚地流动儿童的数据,俪国兴的数据是整个诸暨市的流动儿童数据,参考武汉市和诸暨市两地的经济和社会发达程度,可以看出当时"流动儿童"比例的增长趋势。张亚娟等对河北省张家口市进行研究[30],馀曼玲等对安徽省蚌埠市进行研究[31],均发现流动儿童逐年增加。1998年李敬良等研究发现,广东省珠海市香洲区流动儿童占该区0~7岁总儿童数的62.73%,且年龄构成比随儿童年龄增长而降低[32]。这几名研究者没有纠结"流动儿童"的定义,而是遵从"传统认识",不是本市户口的儿童就是流动儿童,依此口径进行统计。李敬良、罗加武的数据,第一次根据"流动儿童"年龄进行分段统计:在流动儿童中,0~3岁组占66.21%,4~7岁组占33.79%。更细致的数据凸显出一个现象:随着年龄增长,将近一半的流动儿童返回老家。返家的原因,我们在后面的研究中得到答案:这些孩子回老家上幼儿园或小学去了。所以,我们会看到,随着城市里收纳流动儿童的幼儿园和小学的数量增加及办学质量的提高,流动儿童的总体规模在增加。需要解释的是,李敬良、罗加武统计的流动儿童所占比例明显偏高,一个原因是珠海是一个较早开放的城市,成为众多来自农村的务工者的目标城市,另一个原因是香洲区是珠海外来务工人员相对集聚的区。肖贤武之后又对武汉市包家墩、周家墩两个外来人口集聚社区的全部学龄前儿童进行了调查,统计外来流动儿童人数占这两个社区儿童总人数的86.2%。这个数据相比1993年的数据增长较快[33]。

北京市外来人口普查办公室公布1997年北京市首次外来人口普查数据[34],0~15岁儿童162 030人,占外来人口总数7.05%,其中6~15岁学龄儿童66 392人,占外来人口总数的2.88%,这也是第一次官方公布的流动儿童数据。根据此数据,流动儿童辍学率为13.9%,显示出1997年以前北京流动儿童无学可上的问题是比较突出的。

韩嘉玲(2001)在其对北京的相关调查报告中详细介绍了北京市流动儿童学校数量的增长曲线[35-36],1993年开始有数据,至1996年都是缓慢增长。1997年、1998年增势突然加强。韩嘉玲认为,1997年、1998年北京的流动儿童学校及学生大量增加,与1996年颁布实施《城镇流动人口中儿童少年就学暂行办法(试行)》及1998年颁布实施《流动儿童少年就学暂行办法》这类较为宽松的政策有很大的关系,然而根本的原因还在于政府部门对流动儿童学校采取"不取缔、不承认""自生自灭"的放任结果。1998年之后,流动儿童学校办学数量保持平稳。究其原因,一是有些孩子小学毕业要上中学,但北京的中学教育不能满足流动儿童的需求,一些孩子回老家上中学了;二是北京对外来农民工的需求增长平缓,流动儿童的增长也趋于平缓。

段成荣、梁宏根据2000年第五次全国人口普查资料推算[37],2000年11月1日我国0~14岁流动儿童为14 096 842

人,6～14周岁义务教育阶段学龄流动儿童为8 780 000人,这是学者首次根据全国人口数据统计推论出全国流动儿童的数据。2002年,沈平对冯永庄等的调查数据进行分析,对流动儿童的空间分布进行描述:经济发达地区比落后地区多;大城市比小城市多,且随着城市规模的增大呈递增性;城乡接合部居多。这是学者第一次对全国范围内流动儿童的空间分布进行描述。他们认为,随着城市规模的不断扩大,流动儿童的总体规模也在扩大,且大城市流动儿童增加的速度比小城市流动儿童增加得快。

李永道、林琳提出了一个值得注意的观点[38]:流动儿童流入城市,造成人口的增长,是为了享受城市更优质的教育资源。因此提出以从源头上控制流动儿童数量的方式缓解流动儿童所遭受的歧视。他们建议,国家对全国范围内的教育资源进行统筹规划、合理配置,实行区域发展的非均衡战略,教育资源向落后地区倾斜,这样儿童就会留在农村而不会成为流动儿童。这样的观点暗示已经有部分儿童从最初不得已随父母进城,变成了一种理性主动的选择:父母去城市挣更多的钱,孩子去城市上更好的学。实际上,当时我国农村的教育资源并没有得到优先投入,而是流失得更严重[39]。

2012年,全国妇联课题组(2013)依据《中国2010年第六次人口普查资料》样本数据推算[40],2010年我国0～17周岁流动儿童的总量已达3 581万人。十年间,我国流动儿童从1 982万人增长至3 581万人,流动儿童总量呈现逐年增长的趋势。课题组还发现,流动儿童集中分布于中东部发达地区,全国范围内流动儿童占儿童总人数的26.16%;多数流动儿童属于长期流动,平均流动时间为3.74年。不过,若就学龄儿童来看,而非0～17周岁流动儿童来看,全国在义务教育阶段流动儿童人口数至2019年未达2000万人,呈现缓慢增加态势(表1)。

(二)"流动儿童"研究发展趋势

流动儿童和流动人口是相对应的概念,是指居住地和户籍地不一致,随流动父母或监护人至居住地生活的在学儿童。早期文献并未严谨规范"流动儿童"概念,因此,流动儿童又被称为流动人口子女、进城务工农民子女、随迁儿童、打工子弟。流动儿童虽在定义上包含城市户籍流动儿童和农村户籍流动儿童,但绝大多数研究都聚焦在农村户籍流动儿童身上,这或许是因为从城市迁徙至乡村或城镇的流动儿童人口数较少所致,本研究的流动儿童亦是针对从乡村迁徙至城市的在学儿童。流动儿童和随迁儿童是同类群体,难以从定义上加以区分,命名差异在于流动儿童定义较早出现,1991年便有"流动儿童"一词[41],且篇名数量较多(图2)。"随迁儿童"概念是随着城市向流动儿童开放较多教育和公共资源而兴起[42]。检索中国知网(CNKI)可以看到,从1991年1月至2020年12月,以上述流动儿童、流动人口子女、进城务工农民子女、随迁儿童、打工子弟五种概念进行中文期刊篇名搜索且不使用关键词搜索,以避免重复检索,共有2934篇文献。

图2表明2000年以前,流动儿童研究未受到学者关注,1991—2000年期间,平均每年关于此议题的研究不超过10篇,可说是流动儿童研究的起始阶段。至2001年,《国务院关于基础教育改革与发展的决定》出台,提出"两为主"概念。2003年国务院办公厅发布《关于做好农民进城务工就业管理和服务工

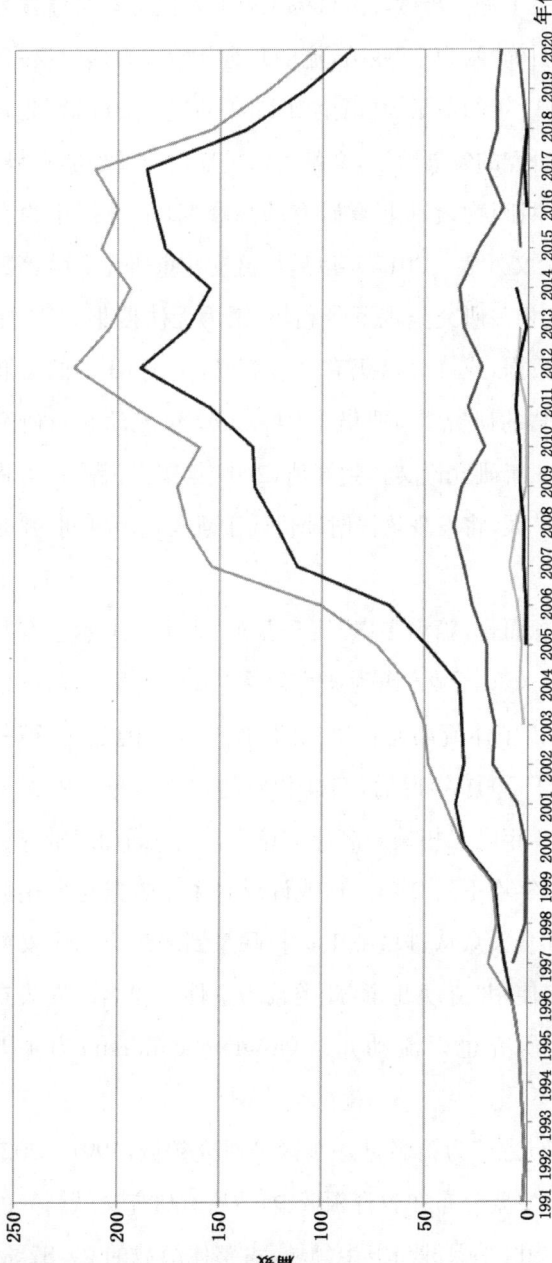

图 2 历年流动儿童相关文献的发展

作的通知》和《关于进一步做好进城务工就业农民子女义务教育工作的意见》，明确"两为主"政策，流动儿童开始成为热门议题。研究文献从 2001 年的不足 50 篇至 2012 年的超过 200 篇，此时期为流动儿童研究的发展阶段，文献篇数呈现快速增加的趋势。2012—2016 年期间为流动儿童研究的高峰期，平均每年约有 200 篇的期刊论文发表。2017 年以后虽流动儿童研究文献篇数回落，但不代表相关研究呈现下降趋势，因为无法搜集 2021 年及以后的研究数据，或许之后仍有一波高峰，呈现 M 形的发展势头。如同周皓的研究[43]，搜集 1994—2009 年流动儿童研究文献，指出 2008 年研究论文达到峰值，2009 年稍微滑落。若将观察时期展开扩大，将发现这段时期仍属于研究发展时期，并非真正滑落。

就使用概念而言，篇名多以"流动儿童"为主。虽然也有些研究使用"流动人口子女"作为研究篇名，但历年累积总数仅 449 篇，比例仅占整体流动儿童研究的约 15%。"随迁儿童"一词的使用出现于 2001 年以后，与此相对的，"进城务工农民子女"研究至 2014 年已无相关篇名研究论文，"打工子弟"研究也只是零星出现，年均不到 2 篇。这或许反映了学者避免使用此类概念，减少社会大众从进城务工家长联系到弱势家庭子女的刻板印象，故多使用"流动儿童"此类较为中性的篇名。发表在国际期刊上的研究也以流动儿童（migrant children）为主要篇名。

若以"流动儿童"为篇名进一步区分研究领域，1991—2020 年期间，此主题主要分布在教育领域中，占所有研究文献篇数的 29.92%；其次为医学保健与卫生领域，占整体篇数的 29.82%。

可见流动儿童研究主流聚焦在教育和医学保健与卫生领域(表2)。流动儿童行为问题多被视为教育学或医学健康议题,研究者并未从社会学或社会工作角度来探讨问题行为。社会与社会工作领域的研究文献篇数,仅占整体的 11.38%,且并无针对初中流动儿童所进行的研究。有些研究是以青少年作为研究群体,即研究年龄为 10~18 岁的群体,研究成果仍主要集中在教育学领域。心理学、政治与行政学及其他学科关于流动儿童研究文献的总数,尚不及教育学或医学保健与卫生学科的研究数。

表2 历年流动儿童研究领域分布情形

领域	篇数	比例	其中针对初中阶段研究(篇)
教育学	878	29.92%	46
医学保健与卫生	875	29.82%	4
社会与社会工作	334	11.38%	0
心理学	330	11.25%	6
政治与行政学	250	8.52%	0
其他学科	267	9.11%	0

(三)"流动儿童"研究议题

同前所述,"流动儿童"研究主要聚焦在教育领域中,社会学或社会工作相关研究较少,若将范围延伸至社会心理学领域,将心理学中社会心理学领域包含在内,研究文献比例仍不到整体文献的 15%。以教育领域而言,研究关注流动儿童为教育上的弱势群体并说明造成其弱势的原因。赵树凯指出,没有本地户籍的儿童也是可以在本地小学上学的[44],但要缴农民难以承担的"借读费""赞助费"。以北京为例,接纳流动儿童的学校都在北京远郊,学校没有任何办学手续,北京市教育管理部门基本监管不到。更重要的是,这些学校完全在北京市教育资源覆盖之外。这些孩子不能上北京市的初高中,也不能以北京居民的身份参加高考。赵树凯还总结了流动儿童教育存在的诸多问题:相对于就学的年级,超龄问题严重;教师素质差且不稳定;教具缺乏;校舍极其简陋且不符合教学用房建设标准。虽然国家出台了《流动儿童少年就学暂行办法》,但其中的原则、精神并没有得到有效落实,对改善现状的实际作用不大。对于越来越多的打工子弟学校,地方政府的具体管理行为往往走向两个极端:要么不管不问,让打工子弟学校放任自流;要么统统取缔,不留活口。赵树凯提出了解决流动儿童教育的两个策略:"大幅度降低甚至取消公立学校的所谓赞助费"和"规范打工子弟学校"。这两个策略至今都有重要的研究意义。

韩嘉玲的研究总结了北京市已经形成流动儿童义务教育的市场化[35-36]。流动儿童的义务教育需求,基本是"自力救济""自行解决",流动儿童学校在"自负盈亏"的基础上,发现"有利可图",这块教育市场成为争夺地。但是北京市政府对流动儿童学校不审批、不取缔,任其"自生自灭",可以说市政府对流动儿童的义务教育问题,其态度是消极的。这导致流动儿童学校的质量参差不齐,形成恶性竞争的局面。另外还有一个值得注意的问题:流动儿童学校利润都有盈余,但是学校的经营者没有将所获的利润用来改善办学条件及提高教学质量。一是因为这类学校由于没有取得合法地位,常常面临拆迁、取缔,使得他们不敢投资需要长期才能回收成本的校舍及教学硬件。二是由于国家"不承认"这类学校,自然也就失去监管,学校的财务完全没有监督机制,所有的利润基本上落入出资人的个人腰包。历史上,中国民间资本办学,目的从来都是提高乡邻子弟的学识教养。从流动儿童学校开始,盈利成为民间资本办学的重要目的。韩嘉玲的研究总结出流动儿童学校的特点是流动性和边缘性。流动性主要表现为学校流动、学生流动、教师流动。边缘性主要表现在流动儿童学校地处远郊、办学条件因陋就简、教学质量缺乏监管,还包括流动儿童学校招生面向低收入家庭的儿童、学校遭到制度排斥及流动儿童学校遭到社会歧视所造成的边缘性。这些学校的流动儿童的特点是来源广,简直可以用"来自五湖四海"形容;学生年龄及学业基础参差不齐;学生来去自由。韩嘉玲还用确切的数据说明,流动儿童学校教师无论在教学上或对学生的关心程度上,大部分都能获得家长及学生的认可。

慈勤英、李芬对武汉市洪山区进行调查并发表研究结果[45],首次将"流动儿童"界定为"弱势群体",指出流动儿童具有"生理性弱者"和"社会性弱者"两方面的特征。这导致流动儿童在义务教育阶段中同样处于弱势地位,而且这种弱势地位具有双重性:没有能力保护和争取自己的教育权利;在经济生活中处于城市的下层,其受教育权利受到很多限制。两名学者详细地介绍了流动儿童弱势的表现:入学率低,入学率仅为93.6%,低于全国适龄儿童平均入学水平,甚至低于农村儿童入学水平;入学学校类型具有劣势性,主要入学城市公立学校,但就算进入城市公立学校,也被歧视和边缘化;家庭教育主客观环境差,主要表现为父母职业层次低、家庭经济水平低、亲子沟通少等。他们认为,流动儿童家庭教育主客观环境差,对流动儿童义务教育的弱势地位产生强化作用,对于流动儿童教育不利。该研究指出，虽然流动儿童的父母也为城市的发展作出了巨大贡献，但城市对他们的政策却是将其排除在体制之外。不仅在劳动就业上采取歧视对策，而且对其子女的义务教育采取限制政策。这是一种社会不公平，而且也导致流动儿童不能对城市社区产生认同。因此，两名学者提出了以"社区工作"的方式来对流动儿童提供服务，不仅在流动儿童所在社区提供社区服务，也在流动儿童原流出地提供社区服务。对此，两名学者提出了"建立流动儿童义务教育基金""办流动人口家庭教育培训班""促使学校教育向所在社区延伸，形成以学校为中心的社区教育模式""利用区内资源举办家教培训班"等思路。这是第一次有学者公开发表帮助流动儿童的服务措施，虽然只是一些想法，还没有具体的实施方案，但也表明学者们已经开始从研究问题向解决问题进发了。从此，学者们认同了流动儿童弱势群体的界定，从更丰富的角度提出了帮助流动儿童的方案和具体措施。

李永道、林琳从较宏观的制度来讨论流动儿童教育议题[38]，认为有三个制度性原因限制了流动儿童享受城市公办学校提供的义务教育资源：一是户籍制度排斥了流动儿童注册进入城市公办学校；二是"分级办学、分级管理"的义务教育管理体制，义务教育由地方政府负担，导致流动儿童被排除在城市政府教育总体规划之外；三是学籍管理随户籍，导致流动儿童不能获得所在城市学籍，教育评价也无法实施，流动儿童无学籍，学习情况也不被所在城市教育管理部门评价，影响未来的升学。虽然两名学者看到了流动儿童义务教育的制度性限制，却并不建议打破它，而是希望国家实行非均衡战略，教育资源向落后地区倾斜，这样儿童就会留在农村不会成为流动儿童。在以后的近十年里,教育资源配置的倾斜方向反而与这两名作者的希望相反[46]。翁启文、周国华从我国义务教育的政策目标和已有的社会实践出发[47],探讨了"过渡阶段"流动儿童教育支持的体系与制度,提出国家办学、地方兴学与社会助学的三大体系,以及流动儿童教育权利、学籍管理、教育经费、教育教学和教育监督五大保障制度,从而促进现有流动儿童教育制度从二元化向一元化过渡。

在社会学领域中,讨论社会融入的主题较多,有46篇以"流动儿童社会融入"为篇名的期刊论文,说明了流动儿童不仅需面对学业上的挑战,也面临着融入社会的困难。张翼、风笑天讨论了流动儿童社会化问题[48],认为由于流动儿童成长环境发生了巨大的变化,与非流动儿童相比,有一些不利因素将伴随着他们的社会化过程,所以流动儿童面临畸形社会化。两名学者论述了家庭、学校和同辈群体等社会化因素在流动儿童的社会化过程中可能造成的负面影响。家庭方面,流动儿童家庭的生活水平低,物质条件差,使得流动儿童缺失了更多智力和非智力发展的有利条件。父母闲暇时间有限,与子女的沟通较少,亲子关系不紧密,导致流动儿童好妒忌、情绪不安、创造力差,甚至扭曲的心理状态和个性特征。父母的文化素养普遍不高,对子女的教养方式不当,流动儿童难以得到正确引导。学校方面,流动儿童学校的教育不能够使流动儿童打下扎实的文化知识基础,不能很好地引导流动儿童认知并内化行为规范。同辈群体方面,流动儿童缺乏稳定的团体归属感和社区归属感,对社会的信任感不强,社会价值观和生活目标发生偏差。两名学者没有论证流动儿童所面临的不利因素具体如何导致流动儿童畸形社会化,只是预测二者可能有比较确定的关系。不过,这为其他学者的研究开拓了假设空间,后面的学者在这个方向上进行了更具体、细致、深入的研究。

周皓、章宁[49]和熊少严[50]研究了流动儿童的社会整合问题。周皓、章宁认为,从总体来说,流动儿童群体内部的整合较好,但流动儿童与其居住社区之间的整合程度并不十分理想。在整合的过程中,迁入时间对流动儿童与迁入地社会之间的整合程度有重要的影响作用,但它存在一个"门槛值",即流动儿童在京居住到一定时间以后,整合的程度会相当高。流动儿童的整合还受到其他因素如年龄、性别、父母亲的受教育水平、迁出地和迁入地生活背景的影响。特别是流动儿童在迁出地的生活背景对于流动儿童在迁入地的社会整合中具有非常重要的作用。周皓、章宁"社会整合"的研究是往微观方面的努力,但两名学者的研究始终停留在社会学对"事实"描述的层面上。熊少严的研究则更进一步,探讨了流动儿童在社会整合问题中的具体表现和原因,并分析了在流动儿童社会整合工作中学校教育的特殊功能。他开创性地提出流动儿童学校在儿童整合工作中的策略:优化多元文化整合的学校教育,介入家庭教育指导,调动流动人口参与学校事务。虽然熊少严并没有具体地介绍这些策略如何实现,但与周皓、章宁相比,还是往前推进了一些。三名学者的研究开启了后人研究的一个重要方向:流动儿童的社会融合。北京市流动儿童就学及心态状况调查课题组调查北京市流动儿童状况[51],结果显示流动儿童感受到了社会对他们的歧视,他们被限制在一个较小的空间里,主要与其他的流动儿童相处,与本地儿童接触极少。所以,流动儿童基本不存在融入当地社会的可能。但是,这些儿童对自己的老家开始感到陌生,因而不愿意再回乡下。这是较早描述流动儿童心理状态的研究文献。只是这篇文献研究的指标较少,且统计数据仅有百分比。

陈丽丽阐述了流动儿童融入城市社会的心理和行为困难[52],认为流动儿童的父母是进城务工的农民,经济条件差,对住房要求不高,多以租用城市郊区、城乡接合部价格便宜的民房为主。这些地方是流动人口聚集的地区,与城市社会在空间上有差距。流动儿童行事方式较"野",纪律性差,无论遇到学业问题还是人际冲突,很少求助,而是自行解决或忍耐。很多孩子一直认为自己是"农村人""外地人",在心理上没有真正融入城市,形成了一种"边缘人"的独特心态。"被歧视、受压抑"是流动儿童共同的感受。流动儿童大多性格内向,行为拘谨,自卑心理较重,自我保护、封闭意识过强,以致不敢、不愿与人交往。他们感觉被排斥,感受比较消极,因而敏感、自尊心很强。陈丽丽研究了流动儿童对城市社会的主动回避。在她看来,流动儿童融入城市社会的困难,主要是流动儿童自身原因造成的,因而其所建议的帮助流动儿童更好地融入城市社会的措施,基本上是出于城市优势地位者的同情,而不是出于法律制度的责任,导致她的建议只是一些善良的愿望,缺乏操作性。

叶庆娜在讨论"未来发展机会"时,提出了创新性观点[53]:从社会资本的角度研究流动儿童。她认为,流动儿童进入城市对其未来发展具有积极意义。社会资本在我国主要体现为人际关系和网络,大部分是在血缘关系中延伸和扩展,因此社会资本在很大程度上具有可继承性。流动儿童被其父母从农村带到城市,接触到新的老师、同学、邻居,其交际网络越来越大,与此同时,他们与农村老家亲戚朋友的联系却并没有减少。因此,流动儿童移居到城市,获得了巨大的社会资本,有助于其未来的发展。不过,该文献中所谓的社会资本增加的论述是假设论述而非实证研究。本书研究结果可确认此假设的真实性。

唐有财将流动儿童的城市融入研究推进了一大步:使用定量研究方法探究社会融入[54]。他根据社会排斥理论、文化适应理论、社会化理论和经济资本理论,总共提出了8条研究假设,然后选择出信度和区分度较好的指标,设计了8个自变量、1个因变量。唐有财的研究设计,可以测量流动儿童的城市融入水平。他的研究发现,城市间存在流动儿童城市融入水平的差距。逻辑回归模型结果显示,城市的制度、流动儿童户籍差异、城市人的包容度对流动儿童的城市融入具有显著的影响。在外时间长度对流动儿童的城市融入具有正效应,即在城市待的时间越长越倾向融入城市。这一研究发现否定了先前研究把儿童的城市融入差归结为儿童自身适应能力差的结论。家庭收入水平、第一次外出年龄、流动儿童现在的年龄及儿童的流动频率对流动儿童的城市融入均不具备显著的影响。唐有财的研究结论与人们的常识相悖。比如,人们常常认为流动儿童的年龄越大,城市融入越差;儿童的流动频率越大,越容易心理麻木而失去融入的强烈动机。但实际调查结论却并非如此。唐有财的研究显示,中国学者已经可以熟练运用社会调查研究方法和现代统计分析技术进行复杂的社会现象研究。

流动儿童研究文献在社会心理学领域中数量出现最多的是2020年,其中有189篇以"流动儿童心理"为篇名的期刊论文,此类主题不仅出现在教育期刊中,也出现在社会学和心理学期刊中，主要探讨社会关系、社会歧视或社会支持对正负向心理的作用。曾守锤测量流动儿童的幸福感，其研究结果发现[55]，与城市儿童一样，绝大多数流动儿童（88.6%）认为自己是一个幸福的人。逻辑回归分析的结果表明，社会关系、留守时间和转学次数是流动儿童幸福感的重要预测因子。比起前面的学者，曾守锤对流动儿童幸福感的判断更具科学特征。前面的学者仅仅通过流动儿童的自我报告来判断流动儿童的幸福感，而曾守锤的判断是通过对诸多指数的测量得到的。曾守锤的结论还挑战了他者的惯性思维，人们常常以为儿童遭遇诸多的困难和排斥，这将使流动儿童的生存状况受到严重的挑战，也势必会在他们的内心产生"苦"的体验。曾守锤的研究结果表明，流动儿童虽然受到了不公和不平的待遇，但他们并不缺乏快乐。他进一步解释了这个结论之所以"有悖常识"的原因：他者常常通过横向比较，即将流动儿童与城市儿童进行比较，得出流动儿童境遇较差，因而不幸福的结论。但是，如果纵向比较，即将流动儿童的现在和过去进行比较，就会发现流动儿童的境遇有了很大的改善，就能得出流动儿童具有较强幸福感的结论。

刘霞、申继亮探讨流动儿童歧视归因倾向及对积极和消极情感的影响[56]。流动儿童的歧视归因倾向显著高于城市儿童，这说明外来人口身份确实在一定程度上提高了流动儿童的歧视知觉，让他们对自己的户口身份变得更为敏感。对不同归因之间的比较也发现，与努力、运气及其他原因相比，流动儿童更容易把造成事件的原因归于户口身份问题，这也表明流动儿童的高歧视归因倾向。该研究发现，流动儿童所处的学校环境是影响流动儿童歧视归因的重要方面，公立学校流动儿童具有较高的歧视归因倾向；初中流动儿童比小学流动儿童具有较高的歧视归因倾向，中长期流动儿童比短期流动儿童具有较高的歧视归因倾向，这在很大程度上与认知能力的发展有关。随着流动儿童年龄和年级的增加或其流动时间的增加，他们的认知能力也会提升，因此，对情境中各种线索的知觉和利用水平不断提高，从而增加了把消极事件归于歧视现象的可能性。

范兴华、陈锋菊研究应对方式和社会支持在流动儿童歧视知觉和抑郁间的调节作用[57]，发现歧视知觉与社会支持、积极应对呈显著负相关，与消极应对呈显著正相关；社会支持、积极应对与抑郁呈显著负相关，消极应对与抑郁呈显著正相关；社会经济地位（SES）与抑郁呈显著负相关；性别、年龄段与抑郁的相关均不显著；歧视知觉与抑郁呈显著正相关；歧视知觉对抑郁的预测作用显著，歧视知觉×积极应对对抑郁的正向预测作用显著，歧视知觉×消极应对交互作用项的预测作用不显著；歧视知觉×积极应对×社会支持三交互项对抑郁的负向预测作用显著。简单来说，儿童的被歧视感越强，抑郁水平越高；儿童积极应对歧视反而会增强流动儿童歧视知觉与抑郁的关系；外界的歧视现状很难通过儿童的积极应对而改变，当流动儿童感受到歧视时，他们越主动努力、积极应对，越会失望，结果越抑郁。该研究发现的现实意义是指出流动儿童遭受歧视因而产生抑郁情绪，流动儿童的这种情绪不能通过简单激励得到有效缓解，努力改善城市环境才是真正可行的途径。两名学者讨论的社会支持与抑郁关系也说明，提供社会支持——环境的改变，可以有效降低流动儿童的抑郁指数。从应对歧视压力的角度看，流动儿童应该"量力而行"：社会支持缺乏或较少时，避免采用积极应对方式来应对歧视；社会支持充足时，可以适当采用积极应对策略。

彭阳等探讨了家庭关怀对流动儿童自立人格的影响及性别在其中的调节作用[58]。作者采用家庭关怀度指数问卷和青少年学生自立人格量表对406名流动儿童进行调查。研究发现流动儿童在人际自立、人际责任、人际主动、人际开放、人际灵活、个人主动、个人独立、个人灵活、个人开放和家庭关怀度指数、合作度、成长度、亲密度上的得分存在显著性别差异；流动儿童家庭关怀与自立人格因子存在显著相关；家庭关怀对流动儿童自立人格有预测作用，家庭关怀对流动儿童自立人格有影响，性别在其中起调节作用。

刘济榕、王泉泉研究日常压力对流动儿童诚信感的影响[59]，发现流动儿童总体诚信水平较高，日常压力事件显著负向预测流动儿童的诚信发展水平，教师支持、朋友支持与逆境信念均正向预测流动儿童的诚信水平；家人支持对日常压力与诚信之间的关系具有调节作用，表现出压力背景下的保护效应；逆境信念与朋友支持具有交互作用，共同调节日常压力对诚信发展的影响，二者的交互作用表现出"增强模式"和"补偿模式"。该研究的重要意义在于，以往的学者受到流动儿童群体的"弱势""边缘性"特征的影响，主观上将流动儿童群体视作"困境儿童"甚至"问题儿童"，习惯性地从"缺陷"视角出发，重点关注流动儿童情绪适应与问题行为等方面的影响因素及形成机制。而这两名学者则受到青少年积极发展观的影响，关注环境因素如何相互作用促进流动儿童的品格发展。该文献的研究不足之处是数据均来自被试的主观报告，可能存在偏颇；采用横断设计进行研究，不能对变量间因果关系进行解释。

刘青云等采用问卷法对北京市725名小学五、六年级学生（包括300名公立混合校流动儿童、129名公立混合校常住儿童和296名打工子弟校流动儿童）进行调查[60]，考察公立混合校与打工子弟校流动儿童的社会支持、自尊与焦虑的现状和关系。结果显示，公立混合校流动儿童和常住儿童的社会支持、自尊显著高于打工子弟校流动儿童，其状态焦虑和特质焦虑水平显著低于打工子弟校流动儿童。公立混合校流动儿童与常住儿童的社会支持、自尊和焦虑水平无显著差异。不同安置形式下的流动儿童和常住儿童，其自尊在社会支持与焦虑间都起到完全中介作用。自尊的中介效应在公立混合校流动儿童、打工子弟校流动儿童和公立混合校常住儿童三个群体间的中介效应程度不存在显著差异。周晓春等从生态系统理论视角出发[61]，引入生态资产概念，对北京市499名流动儿童的调查发现，生态资产因素和流动儿童抗逆力呈显著的正相关，其中"家长支持""老师关系"和"寻求心理亲近"可以显著地预测抗逆力。田瑾、毛亚庆研究了流动儿童社会情感能力发展的家庭系统特征[62]，采用半结构式访谈和非参与式观察等方法，对4名社会情感能力较好的流动儿童家庭的系统特征进行描述性分析。研究发现，其家庭系统物理环境类似，具有简陋但整洁的"底色"；家庭活动频繁，同胞活动具有更高的主动性且更加丰富；家庭关系亲密，亲子关系平等且同胞相互支持。这些家庭系统的核心特征为从家庭养育环境建设的角度培养流动儿童社会情感能力提供了重要的实证基础。社会心理学的研究结果一致指出：社会关系和社会支持能降低流动儿童负向心理，提升其正向心理，具有减缓压力的调节作用；相反，社会歧视则会增加流动儿童负向心理，降低其正向心理。

　　研究文献的篇数在"问题行为"主题上相对较少,主要来自社会学相关领域,以"流动儿童问题行为"或"行为问题"为篇名的国内期刊论文截至2020年年底仅22篇,即使加入吸烟行为,仅增加至24篇,且全部为横断面研究,缺乏跟踪研究。最早的流动儿童问题行为研究为李晓巍等的研究[63],其通过搜集北京就读民办打工子弟学校儿童与公立学校儿童的资料,使用Achenbach儿童行为量表(Child Behavior Checklist,CBCL)分析内化问题与外化问题行为比例,内化问题代表抑郁、焦虑、孤独等心理问题,外化问题代表攻击、越轨等行为,该研究指出儿童内化问题比例为31.0%、外化问题比例为20.1%,与城市儿童相较,流动儿童内外化问题平均数显著较高。该研究将回答行为问题时选择比较符合或完全符合者视为有问题行为的学生,计算内外化问题行为比例,但此类计算方式并无临床实证依据,或许高估了具有内外化问题行为的比例。因此,在评估内外化问题行为时,该研究是以内外化问题的连续分数作为因变量,而不是分析有无问题行为的二分变量。当以五大人格和家庭亲密作为预测变量时,研究发现五大人格特质中的四项特质在家庭功能亲密与外化问题行为间起完全中介作用。张伟源等对南宁市536名流动儿童行为问题进行研究[64],问题行为来自教师报告。研究发现流动儿童行为问题检出率高于非流动儿童,差异显著;公立学校流动儿童行为问题检出率高于私立学校儿童,差异显著。回归分析显示,转学次数、搬家次数是影响流动儿童行为问题的危险因素。该研究分析认为,家庭生活不稳定、经常变化居住地、儿童不断转学,需不断适应新的教学环境、教材、课程进度及教学方法，导致流动儿童缺乏学习热情和动力，甚至产生抵触情绪，纪律普遍较差，从而出现自卑、不求上进、孤独等心理问题。不过，这些研究并未将问题行为进一步区分出内化问题行为或外化问题行为，因此从这些研究中无法了解流动儿童的外化问题行为是否较为明显。

王中会、石雪玉研究在北京就读小学的流动儿童[65]，问题行为主要是内化问题，包含反抗、被压迫、孤独等，研究发现同伴关系与被压迫感、孤独感间有负向关联，师生关系也与孤独感间具有负向关联，其师生关系、同伴关系较好者，较少有孤独感受。该研究建议，要改善流动儿童问题行为，应先改善师生关系、同伴关系和学校环境。李燕芳等通过收集北京学龄前城市儿童与流动儿童相关资料[66]，在外化问题中仅研究攻击行为，在内化问题中仅研究焦虑心理，该研究发现班级师幼冲突氛围和亲子冲突对内外化问题有直接作用，流动与否和师幼冲突分别对外化问题行为的交互作用不显著。虽然研究结果无法排除是儿童问题行为导致亲子冲突或师生冲突的可能性，至少反映出冲突关系是学龄前儿童问题行为重要的预测变量。张春妹等研究了同伴接纳与流动儿童外化问题行为的关系[67]，选取武汉市就读小学的流动儿童作为研究对象，结果发现同伴接纳、物质主义价值观、自尊、外化问题行为四者均显著相关；同伴接纳对外化问题行为具有很强的直接预测作用，也会通过物质主义价值观和自尊的部分中介作用而影响外化问题行为。

陈国华探讨成都流动儿童吸烟比例与影响因素[68]。其研究指出13.9%流动儿童曾吸过烟，男性较女性易成为吸烟者，逻辑回归分析显示男性、学业成绩较差、亲子关系较差者，较易成为吸烟者。学校实施禁烟规定,吸烟的可能性较小。陈国华认为,应从家庭、学校到社会建立控烟网络,以降低此群体吸烟比例。该研究分别从人格、家庭、教师和同伴角度来看待问题行为,并尝试说明问题行为如何产生,加深了对问题行为主题的了解,但研究尚欠缺理论引导,未能同时探讨家庭、教师和同伴的作用。

从既有的历年流动儿童研究领域分布(表2)和相关文献中可清楚得知,流动儿童的问题行为研究较少。或许是因为学者假设流动儿童及其家长面临迁徙皆可快速调适自身,适应新的环境,适应城市生活,所以鲜有研究成果。实际上,与未有迁徙经验的青少年相较,具有迁徙经验的青少年报告了较多的家庭生活改变、较多的灾难经历和负性生活事件,以长处和困难问卷(Strengths and Difficulties Questionnaire,SDQ)来评估青少年问题行为,具有迁徙经验儿童其同伴相处困难问题高于非迁徙儿童[69]。问题行为是环境适应不良的表征,流动儿童可能采用攻击或违反规定等不适当的行为来回应环境中的挫折,前述研究已表明流动儿童有较多的问题行为,最新研究搜集年龄为6~16岁的全国青少年样本并使用CBCL分析,指出全国青少年的内外化问题行为盛行率达17.6%,即代表在5名学生中就有近1名学生有行为问题[70]。因此,探讨此议题不仅可扩展流动儿童研究范畴,更可丰富流动儿童问题行为影响因素的成果,减少青少年问题行为的发生。

(四)流动儿童与其他儿童的比较研究

目前,比较差异研究大致分为三类:一类研究是将流动儿童与城市儿童相比较;一类研究是比较公立学校流动儿童与民办学校流动儿童的差异；一类是将流动儿童与留守儿童相比较。较少有将流动儿童与乡村儿童进行对比的研究。

在流动儿童与城市儿童的对比上，谢尹安等比较了北京市公立学校城市儿童与打工子弟学校流动儿童师生关系特点的异同[71]。这是首次有学者研究城市儿童和流动儿童心理行为的差异。研究发现，打工子弟学校的教师比公立学校流动性强，公立学校的城市儿童比打工子弟学校的流动儿童更能感受教师的关心，公立学校中的师生关系优于打工子弟学校。陈丽丽比较了城市儿童和流动儿童的心理行为差距[52]，调查发现流动儿童相比城市儿童普遍表现出吃苦耐劳、节俭、学习刻苦和坚强的优良品质，大多数的流动儿童经常做家务或帮父母干活；但在学校里流动儿童要比城市儿童表现差，他们很少寻求老师和同学的帮助，很少参加兴趣小组或科研活动，学习成绩普遍较差；流动儿童和城市儿童相比缺乏社交技能，不懂得如何与别人相处，在处理问题时大多采取消极方法；流动儿童在与老师交往中的冲突性更高，亲密感和满意度更低。这个结论与谢尹安等的研究结论一致。韩煊、吴汉荣随机调查深圳市的城市儿童和流动儿童[72]，研究发现流动男童与城市男童心理健康问题得分相比，流动男童的学习焦虑、人际焦虑、孤独倾向、自责倾向、过敏倾向、身体症状、总焦虑因子得分高于城市男童，差异显著。这个统计结果说明，流动儿童心理健康状况比城市儿童差。两名学者分析认为，这可能与流动生活带来的种种问题加上深圳快节奏的生活方式等造成流动儿童心理不适有关。焦虑心理尤其是学习焦虑是流动儿童普遍的心理问题。有研究表明学习压力是影响心理健康的主要因素。流动儿童的文化、背景、生活方式等与当地人不同,现实中的不平等造成的排斥、歧视感,也使流动儿童缺乏归属感和安全感,加重了他们的心理负担。

周建芳等搜集南京小学生的问卷调查数据[73],对流动儿童和本地城市儿童的学校融合进行比较。研究结果显示,流动儿童学校融合综合得分低于本地儿童,主要是民工子弟学校流动儿童的融合度较差,其师生关系、同学关系、学业和行为规范的得分都要显著低于本地儿童。但在混合招生的一般公办小学中,除学业表现维度流动儿童要差于本地儿童外,综合得分及其他6个维度得分均不比本地儿童差,对学校的满意度评价还要高于本地儿童。研究还发现,流动因素并不直接影响儿童的学校融合,家庭教育和学校类型差异是造成流动儿童与本地儿童存在学校融合差异的主要原因。除了两类群体在心理上的差异比较,最近的研究开始比较变量间关系在两群体间的差异,陈媛媛等比较了流动儿童和本地儿童之间的同伴效应[74]。研究发现,在认知能力方面,本地儿童与流动儿童之间的同伴效应是同向的,并且本地儿童的同伴效应占主导作用,流动儿童受本地儿童的影响较大,本地儿童受流动儿童的影响较小,流动儿童受流动儿童的影响不显著;本地儿童和流动儿童之间同伴效应的大小与班内流动儿童比例有关,随着班内流动儿童比例的增加,流动儿童的同伴效应会增强。

在流动儿童内部群体比较上,周皓首先将流动儿童进一步区分成两类[75],一类是在民办打工子弟学校就读的流动儿童,一类是在公立学校就读的流动儿童,比较这两类群体与城市儿童在心理上的差异。多元回归分析研究发现,就读于公立学校流动儿童孤独感显著低于城市儿童,就读民办学校流动儿童与城市儿童间在孤独感上无显著差异。邓小晴、师保国考察了歧视知觉与自尊的关系[76]，以及社会支持和流动时间在其中的作用。结果发现，公立学校流动儿童的歧视知觉显著低于打工子弟学校流动儿童，小学生显著低于初中生，公立学校流动儿童的社会支持显著高于打工子弟学校流动儿童。

在流动儿童与留守儿童相比较上，比较早的研究是刘成斌、吴新慧的研究[77]，该研究基于实证调查数据，对流动儿童与留守儿童的社会化过程进行比较、分析。结果发现，流动儿童学校只是暂时性地解决了流动儿童的就学问题，这些学校与农村学校相比，教学质量不具有明显提高，所以在教育社会化上，流动儿童所受教育与留守儿童差异并不显著。农民工子女无论是流动还是留守，他们都是底层社会群体的一部分，流动儿童的横向流动并不足以改变他们的社会生活，多数流动儿童不能享受城市的教育资源，也不拥有城市社会的生活方式，所以流动儿童与留守儿童也无显著的差别。流动儿童与父母生活在一起，家庭生活相对完整，亲子间的互动及父母的照顾使流动儿童在身心发育方面相对更健康。但留守儿童生活在熟人社会中，这给其人际关系带来了较强的正效应；而流动儿童大多是处于城市的异质文化群中，受到文化冲突与社会歧视的影响，人际交往压力大。留守儿童相对处于一个信息闭塞的世界，而流动儿童的社会环境更为开放、信息流更大、接触面更广，因此流动儿童比留守儿童知识面宽。换言之，流动儿童的社会化优于留守儿童的社会化。叶庆娜也对流动儿童和留守儿童进行了比较[53]。其研究发现，这两类儿童在国家政策、受教育质量、心理健康及未来发展机会等方面存在着显著差异，流动儿童比留守儿童更有优势。其研究结果与刘成斌、吴新慧的研究一致[77]。叶庆娜的研究也表达了不同观点:虽然城市接收流动儿童的公立学校一般都不是重点学校,但整体上也比留守儿童上的农村学校的教学条件、教学质量要好。

从既有文献可知,流动儿童差异研究议题聚焦在教育和心理领域中,国内目前并无流动儿童问题行为比较研究。Hu等使用Achenbach的CBCL进行测量[4],虽然指出相较于城市儿童,流动儿童有较多外化问题行为,仍未探讨群体间行为差异的原因。深入分析解释群体间问题行为差异的因素,将有助于提出有效的介入措施,同时也可弥补既有研究的不足。Lu等以乡村儿童作为比较对象[14],以儿童问题行为指数量表(Child's Behavior Problems Index,CBPI)检验儿童内外化问题行为,研究结果发现流动儿童和乡村儿童在内外化问题行为上并无显著差异,这不同于Hu等的研究结果。研究结果的差异或许可归因于比较对象不同或使用不同量表所致。同前所述,本书研究将以乡村儿童作为比较对象,以免低估群体间问题行为的差异,由于多数研究使用Achenbach儿童行为量表(CBCL)作为检测儿童外化问题行为的依据,为与既有研究结果相对照,将使用CBCL而非CBPI量表作为施测量表,同时使用SDQ作为研究结果的补充依据。此外,Lu等将留守儿童区分为三类[14],即父亲外出留守儿童、母亲外出留守儿童和双亲外出留守儿童,以了解留守儿童内部的异质性。该研究发现,与乡村儿童相较,只有双亲外出工作的留守儿童有较高外化问题行为。不过,该研究并未将流动儿童依居住安排类型进一步区分,若区分不同居住类型的流动儿童,或许将发现特定类型流动儿童有较多的问题行为。

Zhang等使用全国性青少年代表样本分析留守儿童、流动儿童和乡村儿童在非健康行为（吸烟、喝酒）上的差别与解释因素[13]，同样以乡村非流动儿童作为比较对象。研究指出，流动儿童与乡村儿童在非健康行为上差异并不显著，只有在控制人口社经变量和各类社会支持变量后，流动儿童从事非健康行为可能性才显著低于乡村儿童。既有变量无法解释群体间非健康行为的差异，这或许是将吸烟行为和喝酒行为合并测量所造成的结果。青少年吸烟不代表就会喝酒，有喝酒行为不代表就会吸烟，为避免此缺失，本书研究将吸烟行为和喝酒行为区分开来，分别探讨流动儿童和乡村儿童在两类问题行为上的差异与解释差异因素。

总而言之，从流动儿童比较研究中可以清楚了解：一方面流动儿童与其他儿童相较，并非处于完全弱势地位，在学习刻苦、学校满意度和非健康行为上表现较佳。不过，在大多数指标上，流动儿童表现较差。另一方面，流动儿童内部并非同质性群体，就师生关系、同学关系、学业得分和行为规范而言，就读公立学校的流动儿童各方面表现较佳，就读民办流动儿童学校的流动儿童表现相对较差。留守儿童的差异比较研究已显示，与父亲或和母亲同住的安排对于儿童有着不同的影响结果[13,78]。因此，区分不同类型流动儿童有其必要性，若能辨识出流动儿童哪一类群体的外化问题行为高于没有迁徙的乡村儿童，将有助于学校进行预防和介入。

（五）"流动儿童"的贯时性跟踪研究

流动儿童的贯时性跟踪研究较少，主要原因是流动儿童的流动性比较大，研究对象流失严重，学者们难以长期跟踪研究，即使有贯时性跟踪研究,时间跨度一般较小。虽然研究主要集中在心理学领域中,但研究结果提供变量间的时序关联,甚至能确认变量间的相互作用,为外化问题行为研究提供参考依据。既有文献指出社会支持因素和同伴因素的重要作用,这些因素或许对外化问题行为也有延时性影响。

侯舒艨等从北京市公立学校和打工子弟学校选取1 164名流动儿童[79],采用问卷调查的形式对流动儿童的孤独感、歧视知觉和社会支持进行了为期一年的追踪测查,研究结果发现:随着流动儿童在城市生活时间的增加,其感知到的社会环境越来越积极,孤独体验也越来越少。前测的歧视知觉和报告的社会支持共同影响前测孤独感;同时,前测孤独感又会影响后测歧视知觉和报告的社会支持,进而影响后测孤独感。在这个动态作用过程中,前、后测社会支持既能分别直接影响前、后测孤独感,前测社会支持还能通过后测社会支持和歧视知觉间接影响后测孤独感。研究的重要意义在于发现流动儿童进入城市后的孤独感并非一成不变,而是经历着发展变化的过程。袁晓娇等采用问卷调查的形式对流动儿童进行一年的追踪测查[80],结果发现经过一年的城市适应,流动儿童整体的积极应对增多、消极应对减少、抑郁感下降,但社交焦虑水平无明显变化;流动儿童个体在压力应对、抑郁感、社交焦虑的发展上均表现出两极分化的现象,年龄越小、来京时间越短、低年级及女生流动儿童群体的发展趋势更为良好;流动儿童压力应对方式与抑郁感、社交焦虑间存在相互作用的动态关系,前测压力应对方式、抑郁感、社交焦虑均能显著预测后测相应变量的水平,前、后测压力应对方式对抑郁感、社交焦虑均有即时预测作用,而前测抑郁感和社交焦虑对后测压力应对方式有不同的延时性影响。

张光珍等对初中流动儿童进行问卷调查[81],研究结果表明,流动儿童第一年知觉到的歧视可正向预测其第二年的学校适应问题。歧视知觉对流动儿童的外显问题、内隐问题及学习问题具有一致的、消极的影响。歧视作为一种消极的社会性反馈,可能会直接削弱流动儿童的自我评价,威胁流动儿童的自尊。歧视向流动儿童传递了拒绝、排斥的信息,这很容易导致儿童产生焦虑、抑郁等不良情绪;另一方面,儿童现有的资源又无力改变这种状况,尤其是对制度性歧视而言,其导致流动儿童丧失控制感,还反过来导致流动儿童身份感、安全感与归属感的缺失,从而加重流动儿童的焦虑、抑郁。郭海英等以北京市小学流动儿童为被试[82],进行连续 4 次的追踪测查(时间分别记作 T1、T2、T3、T4),考察流动儿童同伴侵害及其与内化问题的动态相互作用关系。研究结果发现,控制了性别、年级、家庭社会经济地位(SES)和流动性后,从 T1 到 T2,同伴侵害与孤独感为相互作用关系,且同伴侵害可以显著预测抑郁,但对社交焦虑的预测作用不显著,而从 T2 到 T4,同伴侵害和 3 种内化问题的相互作用模式完全一致,即 T2 时的社交焦虑、抑郁和孤独感显著预测 T3 的同伴侵害,进而显著预测 T4 的社交焦虑、抑郁和孤独感。由于同伴侵害和内化问题呈循环作用关系,因而郭海英建议,未来预防/干预研究可以聚焦于减少流动儿童的同伴侵害或内化问题,以打破二者的恶性循环,帮助他们建立良好的人际关系,构建良性循环,促进他们的积极发展。

马诗浩等以贵阳市公立学校流动儿童为研究对象[83],进行了为期一个学期的追踪测查,试图发现流动儿童的社会适应与自我提升的关系。研究结果表明,流动儿童在人际友好、活动参与和社会活力方面的适应程度及自我提升均随时间的发展具提升趋势,小学流动儿童的社会适应和自我提升的发展速度明显高于初中流动儿童。马诗浩等对研究结果解释认为,流动儿童的语言问题直接影响流动儿童在学校生活中的交流交往,随着流动儿童城市生活时间的增长,其语言能力也随之增强。语言不通问题的解决,促进了流动儿童交流能力的发展,也增强了流动儿童与周围环境互动的欲望。国家与社会对流动儿童群体提供了越来越多的社会支持,城市社会对流动儿童的歧视现象逐渐减少,流动儿童在城市生活过程中能够在更宽容、更被接纳的氛围中适应环境,随着时间的增长,他们对于社会的认同感随之提升。相比初中流动儿童,小学流动儿童年龄更小,可能在语言和城市文化的学习、接受上更快,也更容易适应。相对的,初中流动儿童社会适应较慢,因此值得我们的关注。

不论是社会支持还是同伴因素,皆涉及流动儿童的社会关系,当流动儿童与重要他人关系越好时,越能得到关怀与支持,其抑郁和焦虑感减少,自我概念提升。不过,社会支持包含许多维度,如家庭、师长、同伴、邻里和同事等,未详细区分将难以了解何种社会支持具有重大影响,尤其是针对外化问题行为而言。从理论观点出发,社会支持、同伴侵害与外化问题行为间并无系统的理论可加以解释。从社会资本的视角出发,应能对问题行为议题提供较全面、较深入的看法。

(六) 社会资本论

在了解社会资本概念前,应先了解社会资本究竟是否为一种资本。Arrow 将社会资本和实体资本相对照[84],认为资本应符合时间延展性、未来获利性和可转让性三种特质,由于社会信任关系不如实体资本常被使用,社会关系本质非为经济上的获利,人脉难以转让,故认为社会资本不应视为资本。针对此种资本定义,Poder 认为人力资本也不符合可转让性的标准[85],人力资本指标——教育却也被视为资本,因此,社会资本如人力资本,属不同形式的资本。Poder 亦指出,时间延展性是实体资本与非实体资本间差异所在,社会关系平时不使用并不代表在时间上不存在,故不能作为评判标准。至于经济上的获利,社会资本本质虽非为经济上获利,但仍符合有价值资源投入与预期回收的资本组成概念[86]。代表预期回收并不一定要限定在经济上的回收,有价资讯报酬、政治权力获得、社会地位提升,甚至于情感上的回报仍属于预期回收的内容。故社会资本和其他资本相同,只是社会资本的投资在于先建立社会关系[86]。

据社会资本研究文献,现今社会资本的定义仍主要受 Bourdieu[87]、Coleman[88] 和 Putnam[89] 的影响。本书采用 Bourdieu 的定义和 Coleman 对社会资本的见解,社会资本在本书中被定义为镶嵌在人际关系网络中的资源[90-91],是一种个人可加以运用的资源。此定义如同 Bourdieu 的界定,社会资本即"镶嵌在相互熟识的制度化稳定关系的网络中,为真实或潜在资源的总和",关系可来自社会制度,如家庭、宗族,也可借由象征性或物质性的资源交换而产生,是个人有目的性的投资策略产物。个人可借着参与团体,进行交换而获利。每个人的社会资本量是不同的,社会资本量除了可动员的网络数量,通过社会关系的联系,个人亦可接触其他关系者的社会资源[92]。本书不使用 Coleman 对社会资本的定义,因为 Coleman 对社会资本的定义并不明确，但认同 Coleman 主张社会资本"由某些社会结构面向所构成，以促成行为者的某种行动"的见解。本书也不使用 Putnam 对社会资本的定义，因为他认为社会资本是集体资产，而非个人资源，继承其定义的研究主要分布在政治社会学和医疗社会学领域。关于这三名社会学学者对于社会资本的论点详见表3。

表3 社会资本论点比较

代表人物	Bourdieu	Coleman	Putnam
定义方向	从资源观点定义	从功能取向定义	从组织特征定义
资本类别	可动员社会资本和可接触社会资本	家庭内社会资本和家庭外社会资本	同质水平网络、异质水平网络和垂直网络关系
资本作用	资本用以投资，使个人获利	资本促成行动，使个人获利	资本促成合作，使集体获利
研究取向	个人取向	个人取向	集体取向
主要学科	社会学	教育社会学	政治社会学 医疗社会学

既然社会资本内涵涉及社会关系，社会资本与社会关系概念相近，是否可用社会关系来取代社会资本？本书指出，在传统中国社会中，关系多意指两人间的互动关系，而难以应用在较广的社会组织或团体中，儒家文化中君臣、父子、兄弟、夫妇和朋友的五伦关系便是两人关系的例证，即使关系中包含着义务和信任，但两人间的义务和信任仍难以应用在区域、组织或团体中，意即与中国传统社会关系注重两人关系相较，社会资本不仅是个人特质，亦包含组织特征[93]，故本书以社会资本作为分析概念。

Coleman 首先将社会资本分成家庭内社会资本和家庭外社会资本[88],指出蕴含在人际关系中的资源包含期待互惠、信息传递和有效规范。以期待而言,在社会互动中,当个体 A 为 B 做了某些事时,将期待个体 B 未来会进行回报,此时个体 B 承担着 A 的期待,产生回报的义务,等待 B 完成了对 A 的义务,也会对 A 有所期待,期待下一次 A 的回报,这将形成良性的互惠机制;若个体 B 不对 A 进行回报,这将造成 A 的损失,如此一来,个体 A 对 B 的信任和期待逐渐减少,社会资本将不复存在。一项跟踪研究结果显示,家庭环境通过压力和青少年同伴进而影响青少年喝酒行为,家长期待可调节此中介路径[94]。信息也是资源之一。当不知道规范内容时,可预期青少年容易犯错,因为即使违反了规范也不自知。通过关系网络,可降低获得信息的成本,获得有价信息。不过,即使知道规范内容,青少年也不一定会内化,因此,Coleman 提出通过奖励和控制强化规范的效用。在社会关系中,此类资源若兴盛,则可降低犯罪的行为。因此,根据社会资本论观点,蕴藏在关系网络中的资源可促成特定的行动,如降低犯罪率、减少问题行为的发生。虽然不同社会关系中有不同的社会资本,但就青少年而言,在义务教育阶段最常涉及的场所为家庭和学校,故本书研究将聚焦在家庭社会资本、学校社会资本和同伴社会资本中。

相较于国外许多研究运用社会资本论来说明青少年问题行为,国内相关实证研究仅有 1 篇。陈曦分析家庭社会资本、学校社会资本与留守儿童问题行为间的关系[95],以 12 类偏差违纪行为作为因变量,以控制和支持作为社会资本的指标。研究结果发现,家庭社会资本、学校社会资本和社区社会资本皆无法预测违纪行为。陈曦认为,同时将各类社会资本放入模型中导致多重共线性,使得社会资本的作用变得不显著;不过,各类社会资本的相关性不高,相关系数不到0.5,应不是共线性导致,而可能是测量不精确所造成,文中欠缺社会资本的信效度信息。

McPherson等回顾社会资本与吸烟、喝酒问题行为的国外文献[96],1990—2020年仅34篇,数量不多,其中29篇为横断面研究、跟踪研究仅5篇。多数研究指出,家庭社会资本与青少年吸烟、喝酒行为有关,亲子关系越佳,青少年越少吸烟、喝酒,而家长监控的影响力有限;同伴互动与青少年吸烟、喝酒行为关联不一致,有的显示同伴支持增加青少年吸烟、喝酒行为,有的显示二者间无显著关联;对学校归属感越强,越少有喝酒行为。从这些研究可知,家庭社会资本对吸烟、喝酒行为的影响应高于同伴社会资本,反映出家庭对青少年行为发展的重要性,并不因国家文化而不同。Jiang等采用Bourdieu和Coleman的观点[97],从家庭社会资本视角看待美国青少年吸烟、喝酒等行为在城乡间的差异,研究发现青少年过去30天吸烟、喝酒的平均次数在乡村显著高于城市,家庭结构和家庭关系可部分解释青少年吸烟行为城乡间的差异,和双亲同住、有较好亲子关系的青少年较少吸烟。Jiang等的研究只探讨家庭社会资本与吸烟、喝酒行为间的关联,学校社会资本或同伴社会资本对此类行为的相对作用仍然未知。值得一提的是,来自美国的研究结果与对中国青少年的研究相似[13],似乎反映出相较于城市青少年,乡村地区青少年较常接触烟草和酒类。

Magson等将社会资本区分为家庭、学校、同伴、邻里和社区[98],调研澳大利亚经济弱势初中生各类社会资本与吸烟、喝酒等问题行为间的关联,相较于先前研究,此研究所包含的社会资本最为全面,测量也较精确,使用结构方程模型提供社会资本的信效度数值。该研究指出家庭社会资本能负向预测青少年吸烟、喝酒问题行为,学校社会资本可负向预测青少年饮酒问题行为,同伴社会资本可负向预测青少年饮酒问题行为,邻里社会资本可负向预测青少年饮酒问题行为,社区社会资本影响力最广,可预测吸烟、喝酒、吸食大麻问题行为。虽然该研究样本并非来自随机抽样样本,而是立意取样,研究结果无推论性;且该研究未控制其他人口社经变量,也会高估各类社会资本的效用,但研究结果表明不同类型社会资本对各类问题行为相对影响程度不同,仍具有一定程度的参考价值。除了横断面研究结果,一项跟踪研究也探讨了家庭社会资本和学校社会资本对喝酒问题行为的影响[99]。研究结果显示,小学六年级孩子的家长介入孩子生活的程度越高,越能降低其初中时期喝酒问题行为的可能性,但无法降低其成人时期的喝酒行为。该研究以师生比为间接指标测量学校社会资本,指出此类资本对喝酒行为有持续且长期的影响力。该研究认为,越高的师生比表示师生间互动越频繁,这促进了健康知识信息的传播,增加师生间的情感支持和互惠关系,强化了控制以落实勿饮酒的规范,因而减少个体的喝酒行为。该研究明显是从期望互惠、信息传递和有效规范的观点来解释学校社会资本和饮酒行为间的实证关联。该研究结果虽强调学校社会资本作用高于家庭社会资本,但不同于以往研究结果的是其所使用的测量指标多为社会资本间接指标,如家长就业、与父母同住、给零用钱、学校规模等,若以家庭凝聚力、情感支持等直接指标来测量家庭社会资本,结果或将显示出家庭社会资本更为重要。

在外化问题上，Strohschein、Matthew 的研究指出，这些关系中的资源可通过各种社会关系传予儿童[100]，帮助儿童学习并内化社会可接受的行为。当儿童想表现攻击或违纪行为时，关系较佳的儿童，为了不使重要他人失望或失去他们的尊重，故会遵从规范，减少问题行为。该研究以加拿大初中生作为被试，将家长情感依附和监控作为社会资本的指标，将暴力攻击、违纪和物质成瘾行为（吸烟、喝酒、吸大麻）三种问题行为作为因变量。研究发现，家长情感依附皆降低初中生暴力和违纪行为，家长监控可降低各种问题行为，学校情感依附可降低暴力攻击与物质成瘾行为，邻里情感依附对各类问题行为无显著作用。研究结果支持家庭社会资本和学校社会资本的效用，但家长监控的作用不同于文献综述的结果[96]。国内一项研究虽不是探讨社会资本的效用，但结果补充了同伴社会资本与外化问题间关系，研究结果发现同伴关系亦能预测外化问题行为，被同伴拒斥会贬低自尊，进而产生较高的攻击性[67]。

一项跨国研究分析，家庭情感支持、家庭冲突何者与青少年外化问题行为较为相关，家庭关系被分为父子关系和母子关系。该研究发现，在大多数国家中父子间、母子间情感支持与外化问题行为无关[101]。该研究显示，与父亲冲突的青少年会表现较多外化问题，在所研究的四个国家中，皆显示相同作用，呈现出父子冲突与青少年外化问题行为间关系不受外在文化的影响。由于该研究强调亲子关系质量跨文化影响力，社会资本本身就是在测量关系质量，因此，该研究结果或许可推及中国跨省份研究，因为家庭关系质量和外化问题间关联较少受到文化影响。

在家庭社会资本和外化问题行为跟踪研究方面，Lucia、Breslau搜集两个时间点的资料进行分析[102]，该研究指出，家庭凝聚力不仅可负向预测儿童的外化问题行为，也可负向预测五年后的问题行为。该研究认为，家庭成员间凝聚力高，代表情感支持高，家长会鼓励儿童表达心中感受，这提供了解决儿童问题行为的机会，因此，有延时性效果。Smokowski等使用三波段调查数据[103]，显示社会资本与青少年攻击行为间关联，并主要分析负面因素的影响。研究发现，亲子冲突、同伴压力和学校困扰皆是青少年攻击行为重要预测变量，家庭社会资本作用较高，则学校因素影响力有限。

综上所述，社会资本是通过期望互惠、信息传递和有效规范来影响个体行为，不论从间接测量指标还是直接测量指标，既有研究皆显示社会资本对于外化问题行为或是吸烟问题行为、喝酒问题行为具有同时性关联，也具有延时性作用。虽然社会资本可区分成五类，但多数研究显示家庭社会资本与各类问题行为间关系较为密切。社会资本研究文献已表明，不同社会资本作用随问题行为种类而有不同，现今家庭社会资本研究成果较多，较少同时探究家庭社会资本、学校社会资本、同伴社会资本的作用，跟踪研究的数量则更少。通过本书研究将丰富社会资本的研究，了解各类社会资本的延时性效果。

（七）迁徙、社会资本与问题行为间关系

本书研究主张社会资本是迁徙与问题行为间重要中介变量，因为一方面既有研究已表明搬迁不利于特定社会资本的积累，迁徙会破坏既有的社会网络联结，降低社会资本的含量[17]。对于流动儿童而言，不仅师生关系较差[104]，亲子冲突发生率亦

较农村非流动儿童高[13]。定性研究指出，流动儿童家长忙于工作，时间有限，不仅较少陪伴孩子，且认为自己从事不佳的职业，也较少与学校教师沟通[18]。在同伴交往上，张翼、风笑天认为，流动儿童团体归属感不高[48]，频繁迁徙降低了将时间投资在建立友谊关系的动机上。另一方面，诸多研究已证实社会资本与各类问题行为间的关联[96-103]，多数研究显示社会资本有助于减少外化问题行为和吸烟喝酒问题行为。换言之，迁徙会减低各类社会资本，如家庭社会资本、学校社会资本和同伴社会资本，进而增加青少年各类的问题行为。

至今，学界虽然没有将社会资本视为迁徙与问题行为关联间的中介变量，从社会资本的视角来探讨迁徙与青少年外化问题行为间的关联，但仍有些主题相近的研究可供参考。关于此类主题最早的是 Haynie、South 的研究[105]，使用两个时间点数据资料探讨美国国内居住迁徙与美国青少年暴力攻击行为的解释机制。研究从 Coleman 论点出发，认为迁徙流动会破坏既有的社会关系，如亲子关系、师生关系和社区邻里关系，造成社会资本的损失。当社会关系联结欠缺时，无法进行非正式控制产生有效规范，故青少年容易有问题行为。此外，流动儿童家长因忙于工作也较不可能认识小孩朋友或小孩朋友的家长，若自己小孩有问题行为，也无法得到即时的信息。该研究以六项暴力攻击行为作为因变量，亲子关系、家长在家状况、偏差同伴网络作为迁徙与青少年暴力攻击行为关系间的解释变量。研究结果发现，迁徙者的亲子关系和家长在家频率显著低于非迁徙者，暴力攻击行为和违纪同伴网络高于非迁徙者，亲子关系只能解释迁徙与暴力攻击行为间关系的 5%，迁徙与青少年暴力攻击间关联主要可由偏差同伴网络解释。但所分析的变量仍无法完全解释迁徙与青少年暴力攻击间的关系,因此,该研究者提出后续研究应加入学校社会资本变量,探讨青少年与学校间关联的作用。

Flink 等探讨了国际移民第一代、第二代学龄前儿童与荷兰当地学龄前儿童在问题行为上的差异[106],以 CBCL 中的内外化问题总分作为问题行为测量依据,人口社经背景、家庭功能和亲子冲突作为解释变量。研究指出,国际移民第一代的问题行为高于荷兰当地儿童,社经背景可完全解释国际移民第一代学龄前儿童群体与当地学龄前儿童间问题行为的差异,家庭功能和亲子冲突也可部分解释两群体间问题行为的差异。第二代具国际移民背景的学龄前儿童与当地学龄前儿童外化问题行为差异不显著,反映出第二代移民群体对环境的适应,即文化适应(acculturation)。该研究还指出,在研究迁徙与问题行为差异时,不可忽略人口社经背景的重要性。Lu 等以 SDQ 测量外化问题行为[107],指出流动儿童外化问题行为发生率显著高于城市儿童,两群体在内化问题行为发生率上无显著差异。该研究认为,社经背景和家庭凝聚力可解释流动儿童与城市儿童外化问题间差异,但并未验证此假设,只是进行了群体行为比较研究,未考察行为差异的解释因素。因此,本书研究不仅将了解三类社会资本对群体间问题行为的解释力,还将分析人口社经背景对群体间问题行为的解释力。

Shen、Zhong 从社会控制视角来解释广州初中流动儿童与城市儿童在违纪行为上的差异[108],以逃家、吸烟、喝酒和赌博等 7 项违纪行为作为因变量,以家长情感依恋、学校情感依恋和违纪同伴数量作为解释变量。研究发现,在控制人口社经变量后,流动儿童的家长情感依恋和学校情感依恋显著低于城市儿童,违纪行为高于城市儿童;两群体违纪行为差异可完全由性别、家长情感依恋、学校情感依恋和违纪同伴数量来解释;家长情感依恋和学校情感依恋在迁徙与违纪行为关系间中介效应显著。虽然该研究的学校情感依恋只测量了对学校老师和环境的正面看法,并未测量同伴社会资本,也无信度值,但研究结果至少辨识出家庭情感支持和学校情感支持对初中生违纪行为的作用。

关于此主题较新的研究是从社会支持角度解释广州和南京的流动儿童与非流动儿童在欺凌行为(bullying)上的差异[109];认为迁徙是一种压力经验,特别对不想迁徙的儿童而言。该研究以中国流动儿童数据驳斥了健康移民和自我选择论点,这些论点认为移民有较佳的结果,移民者较少有问题行为产生。该研究发现,相较于非流动儿童,流动儿童有较少的家庭支持和社区支持,有较多的校园欺凌行为;在控制人口社经变量后,家庭支持和社区支持能部分解释两群体间欺凌行为的差异,显示流动儿童由于流动儿童家长的时间、能力和资源有限,无法满足流动儿童需求,流动儿童以欺凌方式来吸引家长关注或作为应对压力的方式。该研究还指出,此类横断面研究设计无法排除青少年欺凌弱化家庭支持和社区支持的可能性,建议后续研究应使用跟踪研究设计,并探讨学校支持和同伴支持的中介作用。

整体观之,迁徙与问题行为的差异解释研究为较新的议题,尤其以我国的流动儿童群体而言,已有从社会控制、社会支持视角来看待迁徙与问题行为的研究,但如同前述所言,这些研究并未全面探讨家庭、学校和同伴在迁徙与问题行为关系间的角色，因此，许多学者建议应补齐这方面研究的短板。本书研究对此议题将展开较完整、较广泛、较深入的分析，基于社会资本的视角可提供对于问题行为较完整的解释，对于问题行为不仅使用 CBCL 也使用 SDQ 以测量外化问题行为，因变量也包含吸烟和喝酒两类问题行为，问题行为涵盖范围较为广泛；且使用两个时间点数据资料，排除反向因果关系，可深入了解变量间的时序关联，以了解何种因素为青少年问题行为的危险因素、何种因素为保护因素，从而提供相关政策施行的科学依据。

第二章

样本、研究方法及变量测量

在第二章中,本书研究者将用五个小节介绍样本抽样过程、研究方法及变量测量,并从中可知整体样本的流失率不高,样本具有一定的代表性。

一、抽样方式

研究采取多阶段抽样法中的三阶抽样法,以随机抽样方式增加样本代表性。本书研究者先在福建省9个地级市中选取1个经济较发达的城市,在其所辖县中,选取2个经济较不发达的县。接着在该地级市10所有高比例流动儿童的民办学校中,随机选取2所初中,因为其中一所民办学校的校长不同意施测,故又随机抽选了另一所初中替代。在每个取样县中随机选取2所公立初中。最后在6所初中里,随机选取班级,共选取6所初中学校、24个班级进行问卷施测,最后一阶段所有被抽测到的班级学生均接受调研。由于乡村学校学生人数较少、城市学校学生人数较多,因此所抽取到的乡村公立学校数量多于城市民办学校数量,以达到乡村儿童与流动儿童数量相近的结果。在施测前,校长、班主任皆同意参与本次调研,校长或班主任担任咨询专家提前搜集所需信息(附录1),学生和学生家长在施测现场或问卷上也都有被告知施测目的和研究结果的匿名性,达成被试知情、匿名、同意的研究伦理。

二、调查人数与流失率

研究设计为两个时间点的跟踪研究,第一次问卷施测为2020年11—12月,约半年后进行第二次问卷施测。本书研究者在第一次问卷施测中下发908份学生版问卷和家长版问卷(附录2—附录5),学生在校填写学生版问卷,施测时,尽量请班主任离开教室,由本书研究者(附录6)向学生解释说明再进行问卷施测,并收齐学生问卷;家长版问卷请学生带回,家长在家中填写家长版问卷,于7日内将问卷交还给班主任,由班主任将家长版问卷寄回给研究者。收集家长对于孩子外化问题行为的资料,不仅可了解孩子在家行为信息,也可避免资料完全由学生回答所造成的相同来源偏误结果(a common method variance problem)。第一次施测共回收833份问卷,回收率为91.7%。去除资格不符的调查对象,如城市儿童、户籍地与居住地不相同的农村儿童,符合调查资格的人数有756人。第一次回收问卷中,有遗失值的问卷约为10%,采用SPSS中最大期望法(expectation-maximization algorithm)插补遗失值,因为此方法较遗失值删去法和其他传统插补法能产生较正确的估计[110]。因此,横断面的研究结果样本数是756人。

第二次问卷下发756份,回收706份学生版问卷和家长版问卷,第二次施测流失率为6.6%,在进行追踪研究时,20%以内的流失率为可接收的流失率。问卷中约有11%的遗失值,同样的,由最大期望法插补遗失值,前瞻性研究结果的样本数是

706人。值得一提的是,运用插补法分析所得到的结果和删去遗失值后的结果高度相同。

三、样本组成

表4显示样本人口社经背景变量分布状态,在第一次调查样本中,乡村儿童有376人、流动儿童有380人,比例大致相同。在流动儿童样本中,和父亲同住的儿童有12人、和母亲同住的儿童有43人、和双亲同住的儿童有325人。在人口社经背景比较上,以卡方检验和独立样本t检验分别了解乡村儿童和流动儿童在性别、双亲健全状态、家长婚姻状态、家长受教育程度和年龄分布上的差异。研究结果表明,在第一次调查中,就读城市民办初中的流动儿童以男性居多,有201人,比例为52.9%,显著高于就读乡村公立初中男童的比例,反映出家长多倾向将男孩带至城市求学。流动儿童双亲健全状态和已婚状态显著高于乡村儿童,表示流动儿童的家庭结构较为完整。独立样本t的检验结果显示,在乡村地区就读初中的年龄显著高于在城市地区就读初中的年龄,乡村儿童平均年龄为14.15岁、流动儿童平均年龄为13.41岁,反映出乡村儿童就学可能较晚。

表4 样本人口社经背景基本变量

变量		第一次调查样本		第二次追踪样本	
		乡村儿童	流动儿童	乡村儿童	流动儿童
性别 (N, %)	女	206 (54.8%)*	179 (47.1%)	206 (55.4%)	164 (49.1%)
	男	170 (45.2%)	201 (52.9%)	166 (44.6%)	170 (50.9%)

(续表)

变量		第一次调查样本		第二次追踪样本	
		乡村儿童	流动儿童	乡村儿童	流动儿童
年龄(M,S)		14.15(1.00)*	13.41(1.06)	14.15(0.97)*	13.40(1.06)
双亲健全状态(N,%)	双亲健在	363(96.5%)*	376(98.9%)	359(96.5%)*	332(99.4%)
	一方已逝	13(3.5%)	4(1.1%)	13(3.5%)	2(0.6%)
家长婚姻状态(N,%)	已婚状态	330(87.8%)*	358(94.2%)	333(89.5%)*	313(93.7%)
	离婚状态	46(12.2%)	22(5.8%)	39(10.5%)	21(6.3%)
家长受教育程度(N,%)	初中及以下	283(75.3%)	270(71.1%)	280(75.3%)	238(71.3%)
	高中及以上	93(24.7%)	110(28.9%)	92(24.7%)	96(28.7%)

注:* $p<0.05$ 代表两群体间有显著差异。

在第二次追踪调查样本中,流失样本集中在男性流动儿童身上,乡村儿童仅流失4人,有372名乡村儿童继续参与此次调查,有334名流动儿童继续参与此次调查。男性流动儿童样本流失了31人,女性流动儿童样本流失了15人。因为男性流动儿童在第二次调研时,人数减少许多,使得在第二次调查中,两群体间性别分布已无显著差异存在。在年龄、双亲健全程度和已婚状态方面,流动儿童与乡村儿童差异仍旧明显,如同第一次调查所反映的结果。相较于乡村儿童家长,虽然流动儿童家长受教育程度较高,高中及以上程度者占28.7%,乡村儿童家长高中及以上程度者为24.7%,但群体间差异并不显著。由于两群体在人口背景变量上呈现出显著差异,表示流动儿童问题行为与乡村儿童问题行为的差异或许应由这些变量来解释,因此,在分析模型中需加入这些控制变量,以免高估社会资本的解释力。此外,控制双亲健全状态和家长婚姻状态后,乡村儿童与流动儿童的对比,可排除因双亲一方死亡或处于离婚状态而无法与双亲共同居住生活的状况。

四、研究方法

本书研究者将在这一部分说明文中所使用的八种研究方法和介绍三种分析模型,以了解使用特定研究法和分析模型的目的。

(一)描述性统计

描述性统计的目的在于了解变量的平均数、标准差、次数和比例等,如表4所示。在进行相关分析或推论统计分析前,本书研究者先对各类社会资本和问题行为进行描述性统计,以了解乡村儿童和流动儿童在三类社会资本和问题行为上的分布差异,不仅描述横断面研究的分布差异状态,也分析前瞻性研究的分布差异状态,即分析群体间半年后(T2)在社会资本和问题行为上的分布差异。

(二)相关分析

相关分析用于了解两变量间的相关程度,以皮尔森(pearson)相关系数进行分析,数值从-1—1,达到统计显著性的负值称为负相关,达到正值称为正相关,未达到显著性则称为两变量间无显著相关。当一个变量与因变量间相关时,后续的回归分析才有较大概率达到显著相关。

(三) Dunnett 检验

Dunnett 检验用于比较两类以上群体在平均数上的差异,当乡村儿童与流动儿童相较时,使用独立样本 t 检验进行比较,如表 4 所示。当进一步依居住安排类型区分流动儿童时,流动儿童将被区分为三类群体。这时,同样以乡村儿童作为对照组,即有四类群体,以 Dunnett 比较四类群体在问题行为和社会资本上差异的优点在于当群体间数量不同而就此需进行比较时,此检验法不会产生问题[111]。

(四) 卡方检验

卡方检验比较两分预测变量在两分因变量数值分布上的差异,用在乡村儿童与流动儿童在吸烟行为和喝酒行为的比较上,数值最小为 0。当实际观察值与理论推论值之间偏离程度越小时,数值越低;相反,卡方检验数值高企,则达到统计显著性。

(五) 多元线性回归分析

多元线性回归分析被运用在连续因变量的分析中,可了解因变量的预测变量,通过标准化回归系数(standardized regression coefficient)了解各预测变量的相对影响力,系数为正值表示对因变量有正向预测力,负值表示有负向预测力。本书研究的连续因变量为外化问题行为,使用家长版 CBCL 和学生版 SDQ 进行测量,以家长报告的外化问题行为分析结果为主,以学生版自评的 SDQ 为辅。同前所述,使用不同来源问卷,可避免相同来源偏误结果,学生在回答自己的外化问题行为时,也可能因为社会期望而低估了自身的问题行为,故以学生自评外化问题行为作为辅助证据。由于 CBCL 和 SDQ 外化问题行为皆由两个子量表构成,前者的外化问题行为由攻击行为和越轨行为构成,后者的外化问题行为由品行问题和多动行为所构成,因此,本书研究不仅分析外化问题行为,也分析其中的攻击行为、越轨行为、品行问题和多动行为,以深入了解群体间的差异主要显现在哪一类问题行为上,哪一类社会资本较能解释群体间在此类问题行为上的差异。同样的,除显示横断面分析结果外,也呈现不同居住安排类型和半年后外化问题行为的分析结果。文中多元线性回归最终结果的方差膨胀值(Variance Inflation Factor,VIF)皆小于 5,表示变量间无多重共线性风险。

(六) AMOS 结构方程模型

结构方程模型可用以了解社会资本中介作用是否显著,群体间外化问题行为差异是否可由某一类的社会资本所解释。通过 bootstrap 法进行中介效应分析,对于间接效应能提供较准确的数值,优于传统的路径分析,模型配适值也能提供较客观的数据参考。在模型配适原则上,误差均方根(Root Mean Square Error of the Approximation,RMSEA)小于 0.08、比较拟合指数(Comparative Fit Index,CFI)高于 0.9、拟合优度指数(Goodness of Fit Index,GFI)高于 0.9,才表示模型配适度佳,本书研究所使用的结构方程模型皆能达到此标准。值得一提的是,只有在群体间外化问题行为达到显著差异时,本书研究者才会通过中介分析方式来了解社会资本是否能解释群体间行为的差异,若群体间外化问题行为未达到显著差异,针对差异比较分析,原则上不需要进一步使用中介效应分析。

(七) 逻辑回归分析

逻辑回归分析被运用在二分因变量上,在此为初中生吸烟行为和喝酒行为,此分析可了解何者为因变量的重要预测变量,通过比值比(Odd Ratio,OR)得知预测变量与因变量间的关系程度,OR 高于 1 表示概率上较可能发生、低于 1 表示较不可能发生。由于吸烟行为者和喝酒行为者在样本中少于 5%,人数过少,若将流动儿童进一步依居住安排分为三类型,在和父亲同住、和双亲同住的流动儿童中缺乏吸烟行为者,无法进行比较。在喝酒行为上也产生相同现象。为避免缺乏案例无法比较差异,在逻辑回归分析中,不将流动儿童进一步区分成三类,仅比较乡村儿童和流动儿童在吸烟行为和喝酒行为上的差异,只有当两群体间吸烟行为和喝酒行为差异显著时,才进行差异解释研究,探讨社会资本是否能解释群体间的行为差异。同样的,在父母健全状态下,双亲一方已逝的儿童无吸烟行为或喝酒行为,无法与双亲健全有吸烟行为或喝酒行为的儿童比较,若加入模型中则会导致标准差极大的现象,故在吸烟行为或喝酒行为的逻辑回归模型中,人口社经背景变量不加入双亲健全状态。本书研究除显示横断面分析结果外,也呈现前瞻性设计的分析结果。其逻辑回归模型最终结果的 Hosmer-Lemeshow 检验皆大于 0.05 的显著水平,表示整体模型配适度佳。

(八) KHB 法

KHB 法是用来分析预测变量和二分因变量间的中介效应,此分析法是由 Karlson、Holm 和 Breen 所发展的[112]。在传统中介分析中,无法正确估计二分因变量的中介作用,因为在非线性二分概率模型中,误差方差(error variance)因模型不同而不同。KHB法将线性回归模型中分解特性运用在二分概率模型中,将总效应分解成可测量的直接效应和间接效应,且是在相同的单位上,使得这些效应可直接比较。此方法的另一优点在于可同时考虑多个中介变量和控制变量,使研究者可评估中介变量的相对影响力。同前所述,只有当两群体在吸烟行为和喝酒行为上有显著差异时,才运用KHB法了解社会资本的中介效应。

本书研究使用SPSS 22.0进行描述性统计、相关分析、多元线性回归分析、逻辑回归分析,使用AMOS 22.0进行结构方程模型分析,使用STATA 13进行KHB法分析。

(九)分析模型设定

差异研究的分析步骤是先确认群体间差异,方能分析何种因素可解释群体间问题行为差异,本书据前述研究目的,回归分析时将包含3个模型。模型1分析流动儿童与乡村儿童相较,群体间的问题行为是否有显著差异,在模型1中不加入其他人口社经背景变量和社会资本变量。模型2加入人口社经背景变量,若群体间问题行为的差异减少,则反映群体间的差异可部分由人口社经背景来解释。模型3为最后分析模型,加入社会资本变量,以检验群体间问题行为差异是否可由三类社会资本来解释。当群体间的差异因社会资本加入而进一步缩减时,表示社会资本可解释群体间问题行为的差异,为重要中介变量。只有在模型3显示群体间差异因为社会资本加入而减少时,才有必要通过结构方程模型和KHB法来确认中介效应的存在。

五、变量测量

(一)量表使用

1. 社会资本量表

社会资本为多面向概念,在此包含家庭社会资本、学校社会资本和同伴社会资本(T1)。家庭社会资本测量家人间情感支持,来自 Olson 编制的 10 题家庭凝聚力量表[113],其中一个题目为:"当我需要帮忙或忠告时,我可以依赖我的家人。"学校社会资本测量师生间关系,改编自 Adams、Wu 编制的量表[114],其中一个题目为:"我与学校老师相处良好。"同伴社会资本测量同侪间的友谊关系,来自 Paiva 等编制的青少年社会资本量表[115],由 3 题组成,其中一个题目为:"我可以寻求学校里朋友的帮忙。"社会资本量表由学生填答,采用 4 点计分,从 1 代表"非常不同意"到 4 代表"非常同意",得分越高表示关系越良好、社会资本越多。验证性因子分析的结果表明,三面向社会资本的模型与数据拟合良好,$\chi^2 = 315.92$,$\chi^2/df = 3.21$,$CFI = 0.95$,$GFI = 0.95$,$RMSEA = 0.05$。家庭社会资本、学校社会资本、同伴社会资本的 Cronbach's a 值分别为 0.86、0.76、0.82,表明此量表信效度较佳。

2. 家长版外化问题行为量表

家长版外化问题行为量表来自 Achenbach 编制的儿童行为检核表(CBCL)[116],是国内外测量外化问题行为常用的量表之一。外化问题行为即测量攻击行为和越轨行为,共由 33 个条目所组成。攻击行为有 20 个条目,其中一个题目为:"我的孩子喜欢争论。"越轨行为有 13 个条目,其中一个题目为:"我的孩子撒谎或欺骗。"采用3点计分,从0代表"非常不符合"到2代表"非常符合",总得分越高表示外化问题行为越多。第一次调研时,此量表Cronbach's a 系数为0.89,攻击行为和越轨行为分量表Cronbach's a 系数分别为0.87和0.75。第二次调研时此量表Cronbach's a 系数为0.89,攻击行为和越轨行为分量表Cronbach's a 系数分别为0.85和0.78,表明两次施测的量表信度均良好。

3. 学生版外化问题行为量表

学生版外化问题行为量表来自长处与困难问卷(SDQ),研究已证实针对品行问题和多动行为,学生版自评报告预测准确性低于家长版和教师版的报告[117]。因此,学生自评的外化问题行为问卷仅应用在第二次调研上,以作为家长版外化问题行为结果的辅证。长处与困难问卷由25个条目组成,分成5个维度,即情绪症状、品行问题、多动行为、同伴关系、亲社会行为,每个维度又由5个条目组成。采用3点计分,从0代表"不符合"到2代表"完全符合",总得分越高表示外化问题行为越多。参考Lu等的研究[107],本书研究将问卷中的品行问题和多动行为视为外化问题行为,由10个条目组成。不过,在25个条目中有5个反向题,集中在品行问题和多动行为上,学生填答时或许未注意,使得5个品行问题的信度值不佳,仅0.45。将反向题"我通常依照吩咐做事"删除后,4个品行问题量表信度值提升至0.53,属于可接受的程度,品行问题其中一个题目为:"我容易觉得很愤怒,并常发脾气。"5题多动行为量表信度值为0.57,其中一个题目为:"我不能安定,不能长时间保持静止。"9题外化问题行为量表的信度值为0.67,为可接受的信度值。

4. 吸烟问题行为量表

吸烟量表参考 Taype-Rondan 等的研究[118]，分别测量迁徙者过去一个月内和过去一周内的吸烟情形。在第一次调查时，将回答"过去一个月内没有吸烟"者视为不吸烟者，将回答"很少、有时、经常"者视为吸烟者；在第二次调查时，将回答"过去每周少于一次吸烟"者视为不吸烟者，将回答"过去每周一支或以上"者视为吸烟者。以不吸烟者作为对照组，编码为0。

5. 喝酒问题行为量表

学生喝酒量表如同学生吸烟量表，分别测量迁徙者过去一个月内和过去一周内饮酒情形。当第一次调查时，将回答"过去一个月内没有喝酒"者视为不喝酒者，将回答"很少、有时、经常"者视为喝酒者；在第二次调查时，将回答"过去每周少于一次喝酒"者视为不喝酒者，将回答"过去每周一杯或以上"者视为喝酒者。以不喝酒者作为对照组，编码为0。

（二）变量测量

1. 预测变量

主要预测变量为儿童身份，分成乡村儿童和流动儿童。乡村儿童为就读乡村公立初中且居住地与户籍地一致的儿童。流动儿童为就读城市民办初中且居住地与户籍地不一致的儿童。流动儿童依居住安排分为：和父亲同住儿童、和母亲同住儿童、和双亲同住儿童。据前述所示，本书研究以乡村儿童作为对照组。

2. 控制变量

（1）性别：为二分变量，分成男性与女性。以女性为对照组，编码为0。

（2）年龄：为连续变量，测量周岁。

（3）双亲健全状态：为二分变量，分成双亲健全与其中一方已逝。以双亲健全为对照组，编码为0。

（4）家长婚姻状态：为二分变量，分成已婚状态与离婚状态。以已婚状态为对照组，编码为0。

（5）家长受教育程度：为二分变量，将回答父亲教育程度或母亲教育程度在高中及以上程度者视为家长受教育程度在高中及以上程度者；回答其他选项者为家长受教育程度在初中及以下程度者。以初中及以下程度者的家长受教育程度为对照组，编码为0。

第三章

外化问题行为影响因素

在本章中,将呈现在控制相关变量后外化问题行为影响因素的分析结果,预测变量包含儿童身份、性别和三类社会资本。本章共分五大点,包含横断面的研究结果,也包含前瞻性设计的分析结果。

一、青少年社会资本与外化问题行为分布

表5为四群体间社会资本与外化问题行为分布结果,研究结果表明乡村儿童的家庭社会资本最多,平均值为30.72分;其次为和双亲同住流动儿童,平均值为30.42分;再来为和母亲同住流动儿童;和父亲同住流动儿童的家庭社会资本最少,平均值为25.92分,表示较少受到家庭成员的情感支持,尤其是来自父亲的支持。在学校社会资本分布上,和双亲同住流动儿童平均值较高,表示师生关系较为良好,较常受到学校教师的帮助和指导;其次为乡村儿童、和母亲同住流动儿童、和父亲同住流动儿童。在同伴社会资本分布上,呈现与学校社会资本相似的分布状态,和双亲同住流动儿童有较多的同伴社会资本,表示较受到同伴的支持与鼓励;和父亲同住流动儿童的此类社会资本最少。

在外化问题行为分布上,乡村儿童有较少的外化问题行为,平均值为 7.95 分;和父亲同住流动儿童,家长报告他们有较多的外化问题行为,平均值为 13.30 分。

表5 流动儿童与乡村儿童社会资本和外化问题行为(T1)平均数差异比较

	家庭社会资本	学校社会资本	同伴社会资本	外化问题行为(T1)	和乡村儿童比较
	M(SD)	M(SD)	M(SD)	M(SD)	
1. 乡村儿童(N=376)	30.72 (5.37)	9.42 (1.85)	9.60 (1.90)	7.95 (8.24)	
2. 和父亲同住流动儿童(N=12)	25.92 (6.63)**	8.17 (1.85)*	8.42 (2.97)	13.30 (6.61)*	家庭社会资本和学校社会资本 1>2 外化问题行为 1<2
3. 和母亲同住流动儿童(N=43)	29.91 (5.09)	9.35 (1.67)	9.63 (2.20)	9.77 (8.29)	—
4. 和双亲同住流动儿童(N=325)	30.42 (4.96)	9.55 (1.49)	9.82 (1.77)	8.66 (6.50)	—
Dunnett 检验 F 值	3.53*	2.73*	2.59	2.75*	

注:* $p<0.05$,** $p<0.01$。

Dunnett 检验显示,和父亲同住流动儿童的家庭社会资本和学校社会资本显著低于乡村儿童,F 值分别为 3.53 和 2.73,外化问题行为则显著高于乡村儿童($F=2.75, p<0.05$),其他居住安排类型流动儿童和乡村儿童之间在社会资本和外化问题行为分布上并无显著差异存在。简言之,与乡村儿童相较,和父亲同住流动儿童的社会资本较少,外化问题行为较多。当群体间社会资本分布有显著差异时,暗示群体间外化问题行为差异可能由分布不均的社会资本所解释,本书后续研究将通过多元线性回归模型和结构方程模型来探讨三类社会资本对于群体

外化问题行为差异的解释力。

表6为群体半年后在外化问题行为上的分布结果,在四个群体中,乡村儿童有较低的外化问题行为,家长报告的外化问题行为平均值是6.82分,自己报告的外化问题行为平均值为4.60分,皆低于其他三类流动儿童群体。相对的,和父亲同住流动儿童,无论在家长版问卷中还是在学生版问卷中,皆呈现较多的外化问题,平均值分别为12.02分和5.20分,而和母亲同住或和双亲同住的流动儿童其外化问题行为较少。若将学生版问卷中的外化问题行为区分成品行问题和多动行为,研究结果显示乡村儿童有较少的品行问题和多动行为,群体间的多动行为差异最小,F值仅为0.13。

表6 流动儿童与乡村儿童外化问题行为(T2)平均数差异比较

	家长版报告外化问题行为(T2)	学生版报告外化问题行为(T2)	学生版报告品行问题(T2)	学生版报告多动行为(T2)	和乡村儿童比较
	M(SD)	M(SD)	M(SD)	M(SD)	
1. 乡村儿童(N=372)	6.82 (6.82)	4.60 (2.96)	1.17 (1.47)	3.43 (2.00)	
2. 和父亲同住流动儿童(N=10)	12.02 (6.40)*	5.20 (2.97)	1.50 (1.35)	3.70 (2.11)	家长版报告外化问题行为 1<2
3. 和母亲同住流动儿童(N=38)	8.59 (5.47)	5.16 (2.90)	1.61 (1.46)	3.55 (1.91)	
4. 和双亲同住流动儿童(N=286)	8.32 (7.18)*	4.81 (2.78)	1.32 (1.34)	3.49 (1.95)	家长版报告外化问题行为 1<4
Dunnett检验F值	4.25	0.68	1.47	0.13	

注:* $p<0.05$。

Dunnett 检验结果显示,和父亲同住流动儿童在家长报告的外化问题行为上显著高于乡村儿童;但若是学生自己报告的外化问题行为,群体间无显著差异。和表4不同的是,和双亲同住流动儿童其半年后的外化问题行为(T2)显著高于乡村儿童,或许经过家长较长时间的观察,此群体的外化问题行为表现得更为明显。不过,在学生版问卷呈现的外化问题行为上,各群体间差异并不显著。从表5和表6结果可知,流动儿童群体内部并非同质,与乡村儿童相较,特定类型的流动儿童其外化问题行为较多。

二、变量间相关

表7呈现第一次调研主要变量与外化问题行为间相关分析的结果,即横断面的相关分析。由表7可知,和父亲同住流动儿童与三类社会资本间呈负相关,r值分别为-0.11、-0.10、-0.09,表示此类型流动儿童与乡村儿童相较,他们的家庭社会资本、学校社会资本和同伴社会资本较少,与表5的结果一致。和父亲同住流动儿童与外化问题行为间呈正相关,r值为0.08,表示此类群体有较多外化问题行为。家庭社会资本、学校社会资本与问题行为间也呈负相关,r值分别为-0.21、-0.09,表示家庭社会资本和学校社会资本越多,青少年外化问题行为越少。虽然同伴社会资本与外化问题行为间也为负相关,但未达显著性($r=-0.07$,$p=0.06$)。三类社会资本间呈正相关,但皮尔森相关系数皆未超过0.5的中度相关程度,处于低度相关范围,表示三类社会资本间相关,但仍是不同的概念,如同前述社会资本验证性因子的分析结果。

表7　第一次调研主要变量与外化问题行为间相关分析（$N=756$）

变量	1	2	3	4	5	6	7
1. 和父亲同住流动儿童	1	—	—	—	—	—	—
2. 和母亲同住流动儿童	-0.03	1	—	—	—	—	—
3. 和双亲同住流动儿童	-0.11**	-0.21**	1	—	—	—	—
4. 家庭社会资本(T1)	-0.11**	-0.03	-0.01	1	—	—	—
5. 学校社会资本(T1)	-0.10**	-0.02	0.05	0.43**	1	—	—
6. 同伴社会资本(T1)	-0.09*	-0.01	0.06	0.35**	0.39**	1	—
7. 家长版报告外化问题行为(T1)	0.08*	0.04	0.03	-0.21**	-0.09*	-0.07	1

注：乡村儿童为对照组别。* $p<0.05$，** $p<0.01$。

接着，表8呈现了第二次调研主要变量间相关分析结果，主要说明了与第二次调研变量相关的结果。第二次调研虽然样本数稍微减少，但主要变量间相关分析结果多半与表7相同，除了各类型社会资本与第一次外化问题行为间关系较为减弱、和双亲同住儿童有较多同伴社会资本以外。表8显示与乡村儿童相较，和父亲同住、和双亲同住的流动儿童在半年后，家长报告他们有较多的外化问题行为(T2)，r 值分别为 0.08、0.09；不过，不同类型流动儿童和自己半年后报告的外化问题行为(T2)间并无显著相关。家庭社会资本与家长报告或学生报告的外化问题行为(T2)关系间皆呈负相关，r 值分别为 -0.14、-0.24，代

表 8 第二次调研主要变量与外化问题行为间相关分析（$N=706$）

变量	1	2	3	4	5	6	7	8	9
1. 和父亲同住流动儿童	1	—	—	—	—	—	—	—	—
2. 和母亲同住流动儿童	-0.03	1	—	—	—	—	—	—	—
3. 和双亲同住流动儿童	-0.10**	-0.20**	1	—	—	—	—	—	—
4. 家庭社会资本(T1)	-0.08*	0.01	-0.02	1	—	—	—	—	—
5. 学校社会资本(T1)	-0.10**	-0.02	0.06	0.45**	1	—	—	—	—
6. 同伴社会资本(T1)	-0.07*	-0.01	0.09*	0.35**	0.38**	1	—	—	—
7. 家长版报告外化问题行为(T1)	0.09*	0.03	0.03	-0.19**	-0.07	-0.06	1	—	—
8. 家长版报告外化问题行为(T2)	0.08*	0.03	0.09*	-0.14**	-0.03	-0.06	0.45**	1	—
9. 学生版报告外化问题行为(T2)	0.02	0.04	0.02	-0.24**	-0.16**	-0.12**	0.27**	0.39**	1

注：乡村儿童为对照组别。* $p<0.05$，** $p<0.01$。

表家庭社会资本越多,家长报告或学生报告的外化问题行为越少。学校社会资本与学生报告外化问题行为(T2)间呈负相关($r=-0.16$),同伴社会资本与学生报告外化问题行为(T2)间呈负相关($r=-0.12$),不过,这两种社会资本与半年后家长报告的外化问题行为(T2)间无显著相关。表8也表明前后两次家长报告外化问题行为间呈正相关,r值为0.45,相关程度高于家长报告外化问题行为与学生报告外化问题行为间的关联。相关分析结果呈现出两类流动儿童半年后其家长报告外化问题行为多于乡村儿童,与另两类社会资本相较,家庭社会资本与外化问题行为间相关程度较高。

三、不同类型流动儿童与乡村儿童在 T1 上的横断面差异

(一)不同类型流动儿童与乡村儿童在外化问题行为(T1)上的差异

前述差异比较和相关分析虽显示在横断面研究设计中,和父亲同住流动儿童较乡村儿童有较多外化问题行为,但尚不知道群体间差异对于外化问题行为的可解释变异量有多少,不清楚在人口社经背景变量和社会资本变量中,何种变量能预测外化问题行为,也不清楚群体间外化问题行为差异是否可由人口社经背景变量和社会资本变量来解释。表9呈现预测儿童外化问题行为的多元线性回归模型,在模型1中,在三种类型流动儿童中,和父亲同住流动儿童外化问题行为发生率显著高于乡村儿童($\beta=0.09$,$p<0.05$),其他类型流动儿童外化问题虽多于乡村儿童,但未达显著性,群组内部有异质性,群体间差异可解

释儿童外化问题行为1%的变异量。在模型2中,男性较女性有较多的问题行为,加入社经背景变量后,和父亲同住流动儿童与乡村儿童两群体间问题行为的差异稍减,但差异仍然显著($\beta = 0.08$, $p < 0.05$),性别能解释约11%两群体外化问题行为间的差异。在模型3中,家庭社会资本能显著降低儿童外化问题行为($\beta = -0.21$, $p < 0.01$),其他两类社会资本无法预测外化问题行为。在加入社会资本后,和父亲同住流动儿童与乡村儿童两群体间的差异性消失($\beta = 0.06$, $p > 0.05$),三类社会资本能解释约26%两群体间外化问题行为的差异。在整体模型中,家庭社会资本的相对影响力较高,其次为性别,性别和家庭社会资本可解释儿童整体外化问题行为6%的变异量。

表9 预测儿童外化问题行为(T1)的多元线性回归模型($N=756$)

变量	模型1		模型2		模型3	
	$B(SE)$	β	$B(SE)$	β	$B(SE)$	β
和父亲同住流动儿童	5.35 (2.21)	0.09*	4.63 (2.25)	0.08*	3.43 (2.22)	0.06
和母亲同住流动儿童	1.82 (1.21)	0.06	1.33 (1.25)	0.04	1.18 (1.22)	0.04
和双亲同住流动儿童	0.71 (0.57)	0.05	0.67 (0.61)	0.04	0.48 (0.60)	0.03
男性	—	—	1.36 (0.55)	0.09*	1.62 (0.54)	0.11**
年龄	—	—	-0.06 (0.27)	-0.01	-0.07 (0.26)	-0.01
家长一方已逝	—	—	0.76 (1.87)	0.02	0.75 (1.84)	0.02
双亲离婚	—	—	0.92 (1.02)	0.04	0.20 (1.01)	0.01

(续表)

变量	模型1		模型2		模型3	
	B(SE)	β	B(SE)	β	B(SE)	β
家长受教育程度为高中及以上	—	—	0.87 (0.62)	0.05	1.00 (0.61)	0.06
家庭社会资本	—	—	—	—	-0.30 (0.06)	-0.21**
学校社会资本	—	—	—	—	0.06 (0.18)	0.01
同伴社会资本	—	—	—	—	-0.03 (0.16)	-0.01
R^2	0.01		0.02		0.06	

注：乡村儿童为对照组别。* $p<0.05$，** $p<0.01$。

（二）不同类型流动儿童与乡村儿童在攻击行为（T1）上的差异

由于外化问题行为是由攻击和越轨两个行为所组成，本书研究将继续深入探讨群体间外化问题行为的差异究竟是显现在何种问题行为上。在表10中，模型1分析结果显示，与乡村儿童相较，和父亲同住流动儿童有较多攻击行为（$\beta=0.08$，$p<0.05$），达到统计显著性。和母亲同住流动儿童、和双亲同住流动儿童与乡村儿童在攻击行为上的差异达边缘显著性，标准化回归系数值分别为0.07、0.07，p值为0.06，虽然仍未达到0.05的显著水准，但可看出流动儿童群体的攻击行为要高于乡村儿童。模型2分析结果表明，在人口社经背景变量中，没有一个变量可预测儿童攻击行为，因此，和父亲同住流动儿童与乡村儿童在攻击行为上的差异，并没有因为加入这些人口社经背景变量而减少。模型3分析结果显示，性别和家庭社会资本可预

测儿童攻击行为,群体间差异因为社会资本加入而减少,甚至变得不显著。本书研究者将模型3中的性别变量移除后,也显示相同的结果,和父亲同住流动儿童的标准化回归系数变为<0.06,群体间差异变为不显著,可以说三类社会资本可解释群体间攻击行为约29%的差异。在模型2中,性别与攻击行为间关联原本不显著;在模型3中却呈显著关联,代表家庭社会资本是性别与攻击行为间的抑制变量(suppressor),因为性别与攻击行为间直接关系为正值,性别通过家庭社会资本影响攻击行为的间接关系值是负值,代表抑制效应(suppression effect)的存在。男性与家庭社会资本间相关系数为0.08,家庭社会资本与攻击行为间相关系数为-0.21,皆达显著性。换言之,若处于家庭社会资本较少的环境下,男生的攻击行为会更为明显。由于本书研究聚焦在流动儿童与乡村儿童群体间外化问题行为的差异,后续将不再讨论性别、家庭社会资本与攻击行为间的关联。整体而言,和表8结果相似,家庭社会资本和性别是预测儿童攻击行为重要的因素。

表10 预测儿童攻击行为(T1)的多元线性回归模型($N=756$)

变量	模型1		模型2		模型3	
	$B(SE)$	β	$B(SE)$	β	$B(SE)$	β
和父亲同住流动儿童	3.50 (1.60)	0.08*	3.21 (1.64)	0.08*	2.27 (1.62)	0.05
和母亲同住流动儿童	1.56 (0.88)	0.07	1.32 (0.91)	0.06	1.21 (0.89)	0.05
和双亲同住流动儿童	0.72 (0.41)	0.07	0.75 (0.45)	0.07	0.60 (0.44)	0.05

(续表)

变量	模型1		模型2		模型3	
	B(SE)	β	B(SE)	β	B(SE)	β
男性	—	—	0.64 (0.40)	0.06	0.81 (0.40)	0.07*
年龄	—	—	0.01 (0.20)	0.01	0.01 (0.19)	0.01
家长一方已逝	—	—	0.51 (1.37)	0.01	0.53 (1.34)	0.01
双亲离婚	—	—	0.57 (0.74)	0.03	0.03 (0.73)	0.01
家长受教育程度为高中及以上	—	—	0.55 (0.45)	0.04	0.64 (0.45)	0.05
家庭社会资本	—	—	—	—	−0.23 (0.04)	−0.22**
学校社会资本	—	—	—	—	0.03 (0.13)	0.01
同伴社会资本	—	—	—	—	0.02 (0.12)	0.01
R^2	0.01		0.02		0.06	

注：乡村儿童为对照组别。* $p<0.05$，** $p<0.01$。

（三）不同类型流动儿童与乡村儿童在越轨行为（T1）上的差异

在越轨行为上，表11呈现儿童越轨行为多元线性回归分析结果。模型1显示，和父亲同住流动儿童的越轨行为高于乡村儿童（$\beta=0.09$，$p<0.05$），与表9相较，可发现此类流动儿童的外化问题行为主要是反映在越轨行为上，标准化回归系数较高，其他两类流动儿童与乡村儿童相较，越轨行为并不明显，甚至和

双亲同住流动儿童的越轨行为平均值低于乡村儿童,虽然未达统计显著性。在模型2中,加入人口社经背景变量使群体间差异减少,标准化回归系数值从0.09减少至0.07,但仍达显著水平。在所有人口社经背景变量中,只有性别能预测越轨行为,男生较易有违反社会规范的行为,性别可解释约18%两群体越轨行为间的差异。模型3表明,家庭社会资本越多,初中生越轨行为越少,加入社会资本后,两类群体间越轨行为的显著差异消失,标准化回归系数减少至0.06,家庭社会资本可解释约19%两群体越轨行为间的差异。与表9稍微不同的是,性别和家庭社会资本对于儿童越轨行为的相对影响力相同,前者为正向关联、后者为负向关联,若是男生身处亲子关系较不和谐的环境中,其越轨行为将增加许多。整体模型的解释力仍然有限,所有变量可解释儿童越轨行为6%的变异量。不过,本书研究目的主要在了解群体间问题行为的差异,检验群体间问题行为差异的解释因素,因此,增加模型解释力的工作可留待后续研究来进行。

表11 预测儿童越轨行为(T1)的多元线性回归模型($N=756$)

变量	模型1 B(SE)	模型1 β	模型2 B(SE)	模型2 β	模型3 B(SE)	模型3 β
和父亲同住流动儿童	1.85 (0.74)	0.09*	1.51 (0.75)	0.07*	1.16 (0.75)	0.06
和母亲同住流动儿童	0.26 (0.41)	0.02	0.02 (0.42)	0.01	-0.03 (0.42)	-0.01
和双亲同住流动儿童	-0.01 (0.19)	-0.01	-0.07 (0.21)	-0.01	-0.12 (0.20)	-0.02

(续表)

变量	模型1		模型2		模型3	
	B(SE)	β	B(SE)	β	B(SE)	β
男性	—	—	0.72 (0.18)	0.14**	0.81 (0.18)	0.16**
年龄	—	—	-0.07 (0.09)	-0.03	-0.07 (0.09)	-0.02
家长一方已逝	—	—	0.25 (0.63)	0.02	0.22 (0.62)	0.01
双亲离婚	—	—	0.35 (0.34)	0.04	0.17 (0.34)	0.02
家长受教育程度为高中及以上	—	—	0.32 (0.21)	0.06	0.36 (0.21)	0.06
家庭社会资本	—	—	—	—	-0.08 (0.02)	-0.16**
学校社会资本	—	—	—	—	0.03 (0.06)	0.02
同伴社会资本	—	—	—	—	-0.05 (0.05)	-0.04
R^2	0.01		0.03		0.06	

注：乡村儿童为对照组别。* $p<0.05$，** $p<0.01$。

四、不同类型流动儿童与乡村儿童在 T2 上的差异

表9—表11为横断面分析结果，如同前述，此类结果并无法排除变量间反向因果关联，表12—表17将呈现四类群体间在半年后各种外化问题间的差异和解释变量。值得一提的是，配对样本t检验结果呈现出家长报告外化问题行为的前后测并无显著差异，虽然平均值从前测的8.20减少至后测的7.66，但

t 值为 1.84、$p > 0.05$，表示在半年内家长观察到孩子的外化问题行为并无显著变化且呈现稳定发展。

（一）不同类型流动儿童与乡村儿童在家长报告外化问题行为(T2)上的差异

表 12 为半年后家长报告子女外化问题行为(T2)的多元线性回归模型，为前瞻性研究结果。模型 1 显示，和父亲同住流动儿童的外化问题行为发生率显著高于乡村儿童($\beta = 0.09$, $p < 0.05$)，和表 9 横断面研究结果相同。和双亲同住流动儿童的外化问题行为发生率也显著高于乡村儿童($\beta = 0.11$, $p < 0.01$)，群体间差异可解释外化问题行为 2% 的变异量。在模型 2 中，加入人口社经背景变量后，和父亲同住流动儿童、和双亲同住流动儿童的标准化回归系数减少，但仍达统计显著水平，以和双亲同住流动儿童为例，标准化回归系数从 0.11 减少至 0.09，这表示人口社经背景变量能解释两群体间 8% 外化问题行为上的差异，由于差异仍然明显，须检验是否有其他变量可进一步减少群体间差异。模型 3 在加入三类社会资本后，和父亲同住流动儿童与乡村儿童间在外化问题行为发生率上已无显著差异，社会资本可解释两群体间外化问题行为发生率约 9% 的差异。虽然在模型 3 中，和双亲同住流动儿童与乡村儿童在外化问题行为发生率上的差异减少，但仍维持显著水平，表示人口社经背景和社会资本无法完全解释群体间的差异，人口社经背景变量和社会资本变量共可解释两群体间外化问题行为发生率约 23% 的差异。在所有变量中，家庭社会资本可降低儿童半年后的外化问题行为($\beta = -0.15$, $p < 0.01$)，和双亲同住流动儿童则会增加儿童半年后的外化问题行为($\beta = 0.08$, $p < 0.05$)。

表 12　预测家长版报告外化问题行为(T2)的多元线性回归模型($N=706$)

变量	模型1 B(SE)	模型1 β	模型2 B(SE)	模型2 β	模型3 B(SE)	模型3 β
和父亲同住流动儿童	5.20 (2.21)	0.09*	4.74 (2.28)	0.08*	4.29 (2.27)	0.07
和母亲同住流动儿童	1.77 (1.18)	0.06	1.34 (1.23)	0.04	1.42 (1.21)	0.05
和双亲同住流动儿童	1.50 (0.54)	0.11**	1.26 (0.58)	0.09*	1.16 (1.58)	0.08*
男性	—	—	0.77 (0.53)	0.06	0.97 (0.53)	0.07
年龄	—	—	-0.29 (0.26)	-0.05	-0.27 (0.26)	-0.04
家长一方已逝	—	—	-0.69 (1.83)	-0.01	-0.73 (1.82)	-0.02
双亲离婚	—	—	0.22 (1.00)	0.01	-0.15 (1.00)	-0.01
家长受教育程度为高中及以上	—	—	-0.07 (0.59)	-0.01	0.09 (0.59)	0.01
家庭社会资本	—	—	—	—	-0.20 (0.06)	-0.15**
学校社会资本	—	—	—	—	0.22 (0.18)	0.05
同伴社会资本	—	—	—	—	-0.15 (0.16)	-0.04
R^2	0.02		0.02		0.04	

注：乡村儿童为对照组别。* $p<0.05$，** $p<0.01$。

(二) 不同类型流动儿童与乡村儿童在家长报告攻击行为(T2)上的差异

如前述分析,为深入探讨半年后群体间问题行为(T2)的差异究竟是显现在何种问题行为上,将家长报告的外化问题行为区分为攻击行为和越轨行为。在表13中,模型1分析结果显示,和父亲同住流动儿童的攻击行为发生率显著高于乡村儿童($\beta = 0.09$, $p < 0.05$),和双亲同住流动儿童的攻击行为发生率也显著高于乡村儿童($\beta = 0.12$, $p < 0.01$)。与表12相较,流动儿童群体的标准化回归系数较高,反映出流动儿童半年后外化问题行为主要体现在攻击行为上而非越轨行为上。虽然样本的外化问题行为平均值在半年内减少,但乡村儿童降得较多,因而凸显出流动儿童有较明显的攻击行为。模型2表明,人口社经背景可部分解释和父亲同住流动儿童与乡村儿童在攻击行为上的差异,群体间显著差异减少($\beta = 0.08$, $p < 0.05$);即使控制人口社经背景变量,和双亲同住流动儿童仍有较多攻击行为($\beta = 0.10$, $p < 0.05$)。在模型3中,即加入社会资本后,和双亲同住流动儿童与乡村儿童在攻击行为上差异减少,但仍有显著差异。和父亲同住流动儿童与乡村儿童间在攻击行为上差异消失,人口社经背景变量和社会资本变量分别可解释两群体间各11%在攻击行为上的差异。分析结果发现,家庭社会资本和人口社经背景是预测攻击行为(T2)的重要变量,学校社会资本和同伴社会资本都无法预测半年后的攻击行为;和双亲同住流动儿童也是预测攻击行为(T2)的重要变量,分析变量可解释儿童整体半年后攻击行为约4%的变异量。

表 13 预测家长版报告攻击行为(T2)的多元线性回归模型($N=706$)

变量	模型 1 B(SE)	模型 1 β	模型 2 B(SE)	模型 2 β	模型 3 B(SE)	模型 3 β
和父亲同住流动儿童	3.58 (1.59)	0.09*	3.50 (1.65)	0.08*	3.13 (1.64)	0.07
和母亲同住流动儿童	1.31 (0.85)	0.06	1.10 (0.88)	0.05	1.14 (0.88)	0.05
和双亲同住流动儿童	1.18 (0.39)	0.12**	0.98 (0.42)	0.10*	0.92 (0.42)	0.09*
男性	—	—	0.23 (0.38)	0.02	0.36 (0.38)	0.04
年龄	—	—	-0.22 (0.19)	-0.05	-0.20 (0.19)	-0.04
家长一方已逝	—	—	-0.35 (1.32)	-0.01	-0.38 (1.31)	-0.01
双亲离婚	—	—	-0.15 (0.72)	-0.01	-0.40 (0.72)	-0.02
家长受教育程度为高中及以上	—	—	0.05 (0.43)	0.01	0.16 (0.43)	0.01
家庭社会资本	—	—	—	—	-0.13 (0.04)	-0.14**
学校社会资本	—	—	—	—	0.08 (0.13)	0.03
同伴社会资本	—	—	—	—	-0.08 (0.13)	-0.03
R^2	0.02		0.02		0.04	

注:乡村儿童为对照组别。* $p<0.05$,** $p<0.01$。

(三) 不同类型流动儿童与乡村儿童在家长报告越轨行为(T2)上的差异

表 14 为预测家长报告子女越轨行为(T2)的多元线性回归

模型。模型 1 呈现，和父亲同住流动儿童较乡村儿童有较高的越轨行为（$\beta = 0.08$，$p < 0.05$）；与乡村儿童相较，和母亲同住流动儿童、和双亲同住流动儿童在半年后的越轨行为上差异不明显，结果与表 13 关于儿童攻击行为的线性回归分析结果有所不同。模型 2 在控制人口社经背景后，和父亲同住流动儿童与乡村儿童间此行为的差异变得不显著，表示两群体越轨行为的不同主要归因于人口社经背景的不同。男性有较多的越轨行为（$\beta = 0.11$，$p < 0.01$），当流动儿童群体中男生较多时（表 13），在未加入性别变量前，会显示和父亲同住流动儿童有较多越轨行为。当控制性别变量，将发现两群体间的越轨行为并无显著差别，换言之，群体间攻击行为的差异来自性别分布上的差异。模型 3 分析结果显示，性别和家庭社会资本能预测半年后儿童攻击行为，家庭社会资本为保护因素，对越轨行为的相对影响高于性别和其他变量。在模型 2 中，四群体间越轨行为已无显著差别，因此，三类社会资本并无法进一步解释群体间越轨行为的差异，但家庭社会资本可预测儿童整体的越轨行为（T2）。

表 14　预测家长版报告越轨行为（T2）的多元线性回归模型（$N = 706$）

变量	模型 1		模型 2		模型 3	
	$B(SE)$	β	$B(SE)$	β	$B(SE)$	β
和父亲同住流动儿童	1.62 (0.81)	0.08*	1.24 (0.83)	0.06	1.16 (0.83)	0.05
和母亲同住流动儿童	0.45 (0.43)	0.04	0.25 (0.45)	0.02	0.28 (0.44)	0.03
和双亲同住流动儿童	0.33 (0.20)	0.06	0.28 (0.21)	0.05	0.24 (0.21)	0.05

(续表)

变量	模型1		模型2		模型3	
	$B(SE)$	β	$B(SE)$	β	$B(SE)$	β
男性	—	—	0.53 (0.19)	0.11**	0.61 (0.19)	0.12**
年龄	—	—	−0.07 (0.09)	−0.03	−0.06 (0.09)	−0.03
家长一方已逝	—	—	−0.34 (0.67)	−0.02	−0.35 (0.66)	−0.02
双亲离婚	—	—	0.37 (0.37)	0.04	0.25 (0.37)	0.03
家长受教育程度为高中及以上	—	—	−0.13 (0.22)	−0.02	−0.07 (0.22)	−0.01
家庭社会资本	—	—	—	—	−0.07 (0.02)	−0.14**
学校社会资本	—	—	—	—	0.13 (0.07)	0.07
同伴社会资本	—	—	—	—	−0.07 (0.06)	−0.05
R^2	0.01		0.02		0.04	

注：乡村儿童为对照组别。* $p<0.05$，** $p<0.01$。

（四）不同类型流动儿童与乡村儿童在学生报告外化问题行为（T2）上的差异

从表9到表14，无论是横断面还是前瞻性分析结果皆来自被试的家长，同前所述，其结果较为正确，较少受到社会期望偏差（social desirability bias）的影响。因为当被试在回答关于自身的问题或较为敏感的内容时，会选择以社会可接受的方式回答，因此有较高社会期望的偏差，从学生版外化问题行为量表信度值低于家长版量表便可得知一二。使用学生版量表,一方面可与 Lu 等研究结果相较[107],另一方面可用来作为主要研究结果的参考依据。表 15 为学生报告半年后外化问题行为的多元线性回归分析结果。在模型 1 中,与乡村儿童相比,三类流动儿童并未表现出较多的外化问题行为,标准化回归系数分别为 0.02、0.04、0.04。在模型 2 中,性别和学生报告外化问题行为(T2)间达边缘显著性,但仍未达到 0.05 的显著水平,因此,模型几乎无解释力。在模型 3 中,性别和家庭社会资本为预测学生报告外化问题行为的重要变量,男生有较多外化问题行为,亲子关系良好且相互支持的学生,其外化问题行为较少。由于社会资本变量的加入,整体模型解释力提高,可解释学生报告外化问题行为(T2)8%的变异量。表 12 和表 15 前瞻性研究结果最大的不同在于,在学生版报告中,四群体间外化问题行为不显著,或许反映出学生不敢诚实报告自己的问题行为却敢于报告自己问题行为之外的信息,如人口特质、家庭背景、社会资本等。因此,家庭社会资本仍能预测学生版报告的外化问题行为,如同表 12 的结果。

表 15 预测学生版报告外化问题行为(T2)的多元线性回归模型($N=706$)

变量	模型 1		模型 2		模型 3	
	$B(SE)$	β	$B(SE)$	β	$B(SE)$	β
和父亲同住流动儿童	0.60 (0.93)	0.02	0.58 (0.95)	0.02	0.06 (0.93)	0.01
和母亲同住流动儿童	0.55 (0.49)	0.04	0.61 (0.51)	0.05	0.64 (0.50)	0.05
和双亲同住流动儿童	0.21 (0.23)	0.04	0.23 (0.24)	0.04	0.19 (0.24)	0.03

(续表)

变量	模型1		模型2		模型3	
	B(SE)	β	B(SE)	β	B(SE)	β
男性	—	—	0.38 (0.22)	0.07	0.49 (0.21)	0.09*
年龄	—	—	0.09 (0.11)	0.04	0.10 (0.11)	0.04
家长一方已逝	—	—	0.13 (0.77)	0.01	0.09 (0.74)	0.01
双亲离婚	—	—	-0.20 (0.42)	-0.02	-0.46 (0.41)	-0.04
家长受教育程度为高中及以上	—	—	0.29 (0.25)	0.02	0.38 (0.24)	0.06
家庭社会资本	—	—	—	—	-0.13 (0.02)	-0.22**
学校社会资本	—	—	—	—	-0.08 (0.07)	-0.05
同伴社会资本	—	—	—	—	-0.05 (0.06)	-0.04
R^2	0		0.01		0.08	

注：乡村儿童为对照组别。* $p<0.05$，** $p<0.01$。

(五) 不同类型流动儿童与乡村儿童在学生版报告品行问题(T2)上的差异

学生版报告外化问题行为是由品行问题和多动行为组成，本书研究继续检验群体间在品行问题和多动行为上的差异。表16为预测学生版报告品行问题(T2)的多元线性回归模型。模型1呈现群体间并无显著差异，与表15相同。模型2加入人口社经背景变量后，整体模型解释力并未大幅提高，在所有人口社经背景变量中，并无变量能预测半年后学生自行报告的品行问题。模型3结果显示,性别、家庭社会资本和同伴社会资本皆显著预测品行问题(T2),家庭社会资本的相对影响力最高,标准化回归系数为-0.14,性别和同伴社会资本的相对影响力相同。分析结果发现,家庭社会资本和同伴社会资本越多,学生报告的品行问题越少。和表15相较,同伴社会资本的作用主要表现在学生版报告的品行问题(T2)上,而非学生版报告的外化问题行为(T2)或家长版报告的外化问题行为(T2)上,这可能是由两方面所造成:一方面是品行问题主要是测量易怒情绪和违纪行为,与其他测量内容不同,同伴间相互支持可能较有利于减少发脾气的行为,对攻击行为或多动行为较无作用;另一方面,在追踪样本中,男性样本减少较多,可能减少了有结交偏差行为同伴的样本,留下较多结交品行良好同伴的样本,使得同伴社会资本的作用增强。同伴社会资本对于外化问题行为的标准化回归系数值仅-0.01(表9),半年后的数值已提高至-0.04(表11)。由于在模型1中,群体间在品行问题上无显著差别,同前所述,当群体间无显著差异时,后续无须从社会资本的视角进行群体间差异解释分析。

表16 预测学生版报告品行问题(T2)的多元线性回归模型($N=706$)

变量	模型1		模型2		模型3	
	B(SE)	β	B(SE)	β	B(SE)	β
和父亲同住流动儿童	0.33 (0.46)	0.03	0.28 (0.47)	0.02	0.07 (0.46)	0.01
和母亲同住流动儿童	0.43 (0.24)	0.07	0.42 (0.25)	0.07	0.43 (0.25)	0.07
和双亲同住流动儿童	0.14 (0.11)	0.05	0.14 (0.12)	0.05	0.14 (0.12)	0.05

(续表)

变量	模型1 B(SE)	β	模型2 B(SE)	β	模型3 B(SE)	β
男性	—	—	0.18 (0.11)	0.06	0.23 (0.11)	0.08*
年龄	—	—	0.02 (0.05)	0.01	0.01 (0.05)	0.01
家长一方已逝	—	—	-0.15 (0.38)	-0.02	-0.18 (0.37)	-0.02
双亲离婚	—	—	0.01 (0.21)	0.01	-0.08 (0.20)	-0.02
家长受教育程度为高中及以上	—	—	0.07 (0.12)	0.02	0.11 (0.12)	0.03
家庭社会资本	—	—	—	—	-0.04 (0.01)	-0.14**
学校社会资本	—	—	—	—	-0.02 (0.04)	-0.03
同伴社会资本	—	—	—	—	-0.06 (0.03)	-0.08*
R^2	0		0.01		0.05	

注：乡村儿童为对照组别。* $p<0.05$，** $p<0.01$。

（六）不同类型流动儿童与乡村儿童在学生版报告多动行为（T2）上的差异

表17继续分析学生版报告外化问题行为（T2）中的多动行为。如同表15和表16所示，模型1并未显示群体间多动行为的差异，代表在保持长时间静止和维持注意力专注上，群体间无显著差别。在模型2中，无任何人口社经背景变量可预测学生

的多动行为。在模型3中，加入社会资本后，整体模型可解释变异量提高至7%。家庭社会资本越多，学生的多动行为越少（$\beta = -0.22$，$p < 0.01$）。在所有变量中，只有家庭社会资本具有影响力。分析结果显示，家长版报告的外化问题行为呈现出特定流动儿童与乡村儿童间的差别，学生版报告的群体间外化问题行为并无显著差别。因此，后续在进行社会资本的解释力中介效应分析时，只分析家长版报告外化问题行为的结果，而不检验学生版报告的群体间无差异结果。

表17 预测学生版报告多动行为（T2）的多元线性回归模型（$N = 706$）

变量	模型1 B(SE)	模型1 β	模型2 B(SE)	模型2 β	模型3 B(SE)	模型3 β
和父亲同住流动儿童	0.27 (0.64)	0.02	0.30 (0.66)	0.02	-0.02 (0.64)	-0.01
和母亲同住流动儿童	0.12 (0.34)	0.01	0.19 (0.35)	0.02	0.21 (0.34)	0.02
和双亲同住流动儿童	0.06 (0.16)	0.02	0.09 (0.17)	0.02	0.05 (0.16)	0.01
男性	—	—	0.20 (0.15)	0.05	0.26 (0.15)	0.07
年龄	—	—	0.08 (0.07)	0.04	0.08 (0.07)	0.05
家长一方已逝	—	—	0.28 (0.53)	0.02	0.27 (0.51)	0.02
双亲离婚	—	—	-0.20 (0.29)	-0.03	-0.38 (0.28)	-0.05
家长受教育程度为高中及以上	—	—	0.22 (0.17)	0.05	0.27 (0.17)	0.06

(续表)

变量	模型1		模型2		模型3	
	B(SE)	β	B(SE)	β	B(SE)	β
家庭社会资本	—	—	—	—	-0.09 (0.02)	-0.22**
学校社会资本	—	—	—	—	-0.06 (0.05)	-0.05
同伴社会资本	—	—	—	—	0.01 (0.04)	0.01
R^2	0		0		0.07	

注:乡村儿童为对照组别。** $p<0.01$。

五、三类社会资本对群体间外化问题行为的解释力

为了解群体间差异是否可通过不同类型社会资本来解释其外化问题行为,表18对流动儿童居住安排、社会资本和家长版报告外化问题行为(T1)关系进行中介作用分析,为横断面研究结果。在纳入控制变量后,家庭社会资本在和父亲同住流动儿童与其外化问题行为间扮演中介角色,展现完全中介效应($\beta = 0.03$, $p < 0.05$),中介效应95%,置信区间(Confidence Interval) CI = 0.62～3.57,不含0,说明中介效应存在,中介总效应也达显著性,代表家庭社会资本能解释和父亲同住流动儿童与乡村儿童两群体间外化问题行为的差异。其他面向社会资本则并无中介效应,表示学校社会资本和同伴社会资本较少并非和父亲同住流动儿童有较多外化问题行为的原因。如图3中介模型所示,以乡村儿童为对照组别,并纳入控制变量,模型数据拟合良好,$\chi^2 = 737.65$, $\chi^2/df = 2.86$, $CFI = 0.90$, $GFI =$

0.93，$RMSEA = 0.05$。由于外化问题行为是由攻击行为和越轨行为组成，表17已证实家庭社会资本能解释群体间在外化问题行为上的差异，当表10、表11皆呈现家庭社会资本能中介和父亲同住流动儿童与攻击行为、越轨行为间的关联时，表示家庭社会资本也能解释两群体在攻击行为、越轨行为上的差异。

表18　社会资本在流动儿童居住安排与家长版报告外化问题行为(T1)关系间的中介效应($N = 756$)

路径	和父亲同住流动儿童		和母亲同住流动儿童		和双亲同住流动儿童	
中介效应通过	$B(SE)$	β	$B(SE)$	β	$B(SE)$	β
家庭社会资本	1.901(0.853)	0.032*	0.356(0.328)	0.011	0.122(0.149)	0.008
学校社会资本	−0.236(0.303)	−0.004	0.011(0.074)	0.001	0.038(0.061)	0.002
同伴社会资本	0.030(0.283)	0.001	−0.001(0.078)	−0.001	−0.006(0.053)	−0.001
总效应	1.696(0.845)	0.028*	0.367(0.328)	0.011	0.154(0.160)	0.010

注：乡村儿童为对照组别。模型中已加入控制变量，SE表示bootstrap标准误。*$p < 0.05$。

本书继续研究社会资本是否可解释半年后群体间在外化问题行为(T2)上的差异，表19为社会资本在流动儿童居住安排和外化问题行为(T2)关系间的中介效应，为前瞻性的研究结果，亦为表12的延伸内容，可更加深入了解哪类社会资本可解释哪类流动儿童群体与乡村儿童在外化问题行为(T2)上的差异。在纳入控制变量后，家庭社会资本在和父亲同住流动儿童与其外化问题行为间扮演中介角色，展现完全中介效应($\beta = 0.02$，$p < 0.01$)，中介效应95%，置信区间CI = 0.32~2.35，不

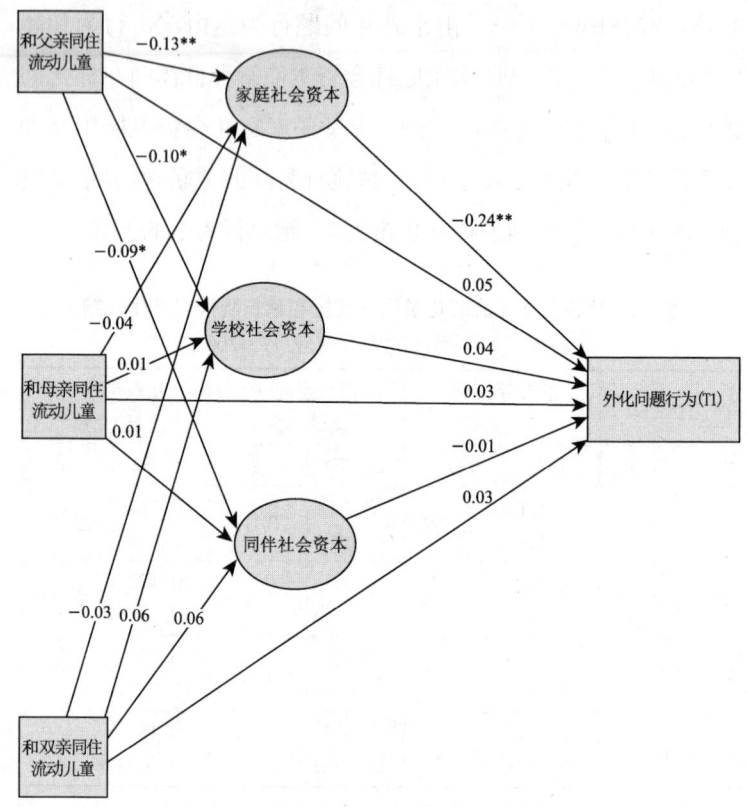

图 3　社会资本在流动儿童居住安排与外化问题行为（T1）预测关系中的中介模型

注：乡村儿童为对照组别。模型中已控制变量——性别、年龄、双亲健全状态、家长婚姻状态、家长受教育程度。*$p<0.05$，**$p<0.01$。

含 0，说明中介效应存在，代表家庭社会资本能解释两群体间半年后外化问题行为（T2）的差异。学校社会资本的间接效应也达到显著性，不过，由于间接效应值为负值，直接效应值为正值，反映出学校社会资本并非解释和父亲同住流动儿童有较高外化问题行为的中介变量，反而是抑制变量，加入学校社会资本变量，使得和父亲同住流动儿童外化问题效应更为明显。在和父亲同住流动儿童的中介效应模型中,同时有家庭社会资本的中介效应和学校社会资本的抑制效应,故总效应为不显著。虽然在表12中,和双亲同住流动儿童外化问题行为发生率显著高于乡村儿童,但表19显示,三类社会资本对于两群体间差异并无解释力,中介效应皆呈现不显著状态。虽然学校社会资本中介作用达边缘显著性($\beta=0.01, p<0.10$),但仍未达0.05的统计显著性。如图4中介模型所示,以乡村儿童为对照组别,并纳入控制变量,模型数据拟合良好,$\chi^2 = 703.55$,$\chi^2/df = 2.73$,$CFI = 0.90$,$GFI = 0.93$,$RMSEA = 0.05$。同前所述,外化问题行为是由攻击行为和越轨行为所组成,表19已证实家庭社会资本能解释和父亲同住流动儿童与乡村儿童两群体间在外化问题行为(T2)上的差异;表13呈现家庭社会资本能中介流动儿童居住安排和攻击行为(T2)间的关联,表示家庭社会资本也能解释两群体在攻击行为(T2)上的差异。不过,在表14中,社会资本并无法中介流动儿童居住安排与越轨行为间的关联,故社会资本无法解释半年后群体间在越轨行为上的差异。

表19 社会资本在流动儿童居住安排与家长版报告外化问题行为(T2)关系中的中介效应检验($N = 706$)

路径	和父亲同住流动儿童		和母亲同住流动儿童		和双亲同住流动儿童	
中介效应通过	$B(SE)$	β	$B(SE)$	β	$B(SE)$	β
家庭社会资本	1.126 (0.582)	0.019**	0.119 (0.212)	0.003	0.107 (0.106)	0.008
学校社会资本	−0.665 (0.499)	−0.011*	0.031 (0.155)	0.001	0.105 (0.084)	0.007

(续表)

路径	和父亲同住流动儿童		和母亲同住流动儿童		和双亲同住流动儿童	
同伴社会资本	0.160 (0.272)	0.003	-0.020 (0.080)	-0.001	-0.049 (0.075)	-0.004
总效应	0.620 (0.483)	0.011	0.131 (0.230)	0.004	0.164 (0.144)	0.012

注：乡村儿童为对照组别。模型中已加入控制变量，SE 表示 bootstrap 标准误。
*$p<0.05$，**$p<0.01$。

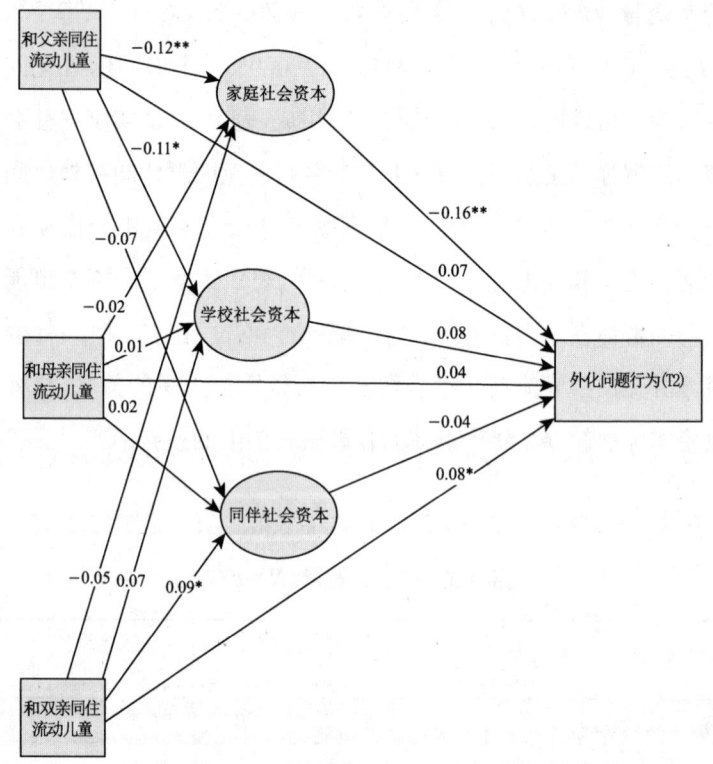

图 4　社会资本在流动儿童居住安排与外化问题行为（T2）预测关系中的中介模型

注：乡村儿童为对照组别。模型中已控制变量——性别、年龄、双亲健全状态、家长婚姻状态、家长受教育程度。*$p<0.05$，**$p<0.01$。

第四章

吸烟行为预测因素

本章说明青少年吸烟行为的预测因素,共包含四点。先比较流动儿童与乡村儿童在吸烟行为上的差异,了解重要变量间相关性后,再分析群体间吸烟行为的差异与预测吸烟行为的重要因素,最后检验三类社会资本是否可解释两群体间吸烟行为的差异。由于在流动儿童追踪样本中缺乏吸烟者,因此无法通过逻辑回归分析模型分析出群体间的差异,本章中的吸烟行为分析结果主要为横断面的分析结果。

一、青少年吸烟行为分布

表 20 通过卡方检验比较两群体间在吸烟行为上的差异。在第一次调研时,吸烟行为的操作性定义是指一个月内的吸烟行为;在第二次追踪调研时,吸烟行为则指一周内吸烟行为,时间范围的缩小或许使第二次吸烟行为相较于第一次减少许多,因为限定一周内的吸烟才视为吸烟行为,被试可能认为两周前的吸烟行为不符合定义,而选择一周内未吸烟的选项。在第一次调研中,吸烟者占所有样本的 2.2%,97.8%的被试不吸烟。在第二次追踪样本中,吸烟者占所有样本的 0.8%。虽然吸烟

比例减少，但群体间吸烟行为的差异却是相同的，在两次调研中卡方检验分析结果均显示，乡村儿童的吸烟比例皆显著高于流动儿童。在第一次调研样本中，乡村儿童吸烟者为15人，流动儿童吸烟者仅为2人。在第二次追踪样本中，乡村儿童吸烟者为6人，流动儿童吸烟者为0人。虽然追踪样本分析结果显示两群体在吸烟行为（T2）上有差异，但由于流动儿童追踪样本中无吸烟者，因此无法通过逻辑回归分析模型分析出群体间的差异；若真的进行逻辑回归分析，标准差将高达2 199，呈现两群体在吸烟行为（T2）上无显著差异的结果。据此，本书研究仅检验群体间在吸烟行为（T1）上的差异与解释差异的因素，而不再另行分析群体间在吸烟行为（T2）上的差异。

表20　流动儿童与乡村儿童吸烟行为比较结果

	不吸烟行为（T1）数值（N）	吸烟行为（T1）数值（N）	不吸烟行为（T2）数值（N）	吸烟行为（T2）数值（N）	与乡村儿童比较
1. 乡村儿童（T1）	361	15	—	—	
2. 流动儿童（T1）	378	2	—	—	吸烟行为 1＞2
3. 乡村儿童（T2）	—	—	366	6	
4. 流动儿童（T2）	—	—	334	0	吸烟行为 3＞4
卡方值	10.31**		5.43*		—

注：* $p<0.05$，** $p<0.01$。

二、变量间相关

表21为主要变量与吸烟行为间相关分析，当指吸烟行为（T1）时，相关分析结果来自参与第一次调研的756个样本，当

指吸烟行为(T2)时,相关分析结果来自706个追踪样本的结果。相关分析结果表明流动儿童身份与吸烟间呈负相关,在第一次调研、第二次调研中的相关结果分别为-0.12、-0.09,显示相较于乡村儿童,流动儿童较少有吸烟行为,与表20的结果相同。家庭社会资本、学校社会资本与吸烟行为(T1)间呈负相关,r值为-0.11,但同伴社会资本与吸烟间无显著相关。在追踪样本中,家庭社会资本、学校社会资本与吸烟行为(T2)间无显著相关,与第一次显著相关的调研结果不同,吸烟行为(T1)与吸烟行为(T2)之间呈正相关,r值为0.18,表示在第一次调研中的吸烟经验者在第二次调研中反映其吸烟行为的可能性较高。相关分析结果反映出家庭社会资本、学校社会资本与吸烟行为(T1)有密切关联,这两类社会资本或许是解释群体间差异的要素。

表21 主要变量与吸烟行为间相关分析

变量	1	2	3	4	5	6
1. 流动儿童	1	—	—	—	—	—
2. 家庭社会资本(T1)	-0.05	1	—	—	—	—
3. 学校社会资本(T1)	0.02	0.43**	1	—	—	—
4. 同伴社会资本(T1)	0.04	0.36**	0.38**	1	—	—
5. 吸烟行为(T1)	-0.12**	-0.11**	-0.11**	0.01	1	—
6. 吸烟行为(T2)	-0.09*	0.05	0.01	0.04	0.18**	1

注:乡村儿童为对照组别。* $p<0.05$,** $p<0.01$。

三、流动儿童与乡村儿童在吸烟行为(T1)上的差异

表 22 为预测儿童吸烟与否的逻辑回归模型,视吸烟行为为分析行为,不吸烟为对照组。模型 1 显示流动儿童有较少吸烟行为,与乡村儿童相较,吸烟概率为 13%[$\exp(B) = 0.13$]。模型 2 加入人口社经背景变量后,未标准化回归系数减少,从 -2.06 减少至 -1.88,表示人口社经背景变量可部分解释乡村儿童与流动儿童在吸烟行为(T1)上的差异。值得一提的是,性别在此并非流动儿童身份与吸烟行为间的中介变量,而是抑制变量,模型 2 若去除性别变量,流动儿童身份的未标准化回归系数值更减少至 -1.78。男性较女性有较多的吸烟行为,概率高达 3.09 倍。在模型 3 中,如同表 20 相关分析结果,家庭社会资本和学校社会资本皆能降低儿童吸烟可能性,可降低概率分别为 10% 和 26%,代表当亲子关系和师生关系佳时,初中生的吸烟行为较少。三类社会资本中,只有同伴社会资本与吸烟行为之间未达统计显著性。与模型 2 相较,未标准化回归系数值并未降低,表示社会资本中可能有的是中介变量,可解释两群体吸烟行为(T1)的差异;有的是抑制变量,反而提高流动儿童身份的未标准化回归系数值,本书研究将在后续进行分析。在整体模型中,流动儿童身份、性别、家庭社会资本、学校社会资本皆是预测吸烟行为(T1)的重要变量。

表22 预测儿童吸烟行为(T1)的逻辑回归模型($N = 756$)

变量	模型1 B(SE)	模型1 exp(B)	模型2 B(SE)	模型2 exp(B)	模型3 B(SE)	模型3 exp(B)
流动儿童	-2.06 (0.76)	0.13**	-1.88 (0.78)	0.15*	-1.89 (0.78)	0.15*
男性	—	—	1.13 (0.55)	3.09*	1.17 (0.58)	3.22*
年龄	—	—	0.28 (0.25)	1.33	0.45 (0.27)	1.57
双亲离婚	—	—	0.99 (0.61)	2.70	0.64 (0.67)	1.89
家长受教育程度为高中及以上	—	—	-0.01 (0.59)	0.99	-0.31 (0.64)	0.74
家庭社会资本	—	—	—	—	-0.11 (0.05)	0.90*
学校社会资本	—	—	—	—	-0.30 (0.14)	0.74*
同伴社会资本	—	—	—	—	0.27 (0.15)	1.31
Cox & Snell R^2	0.02		0.03		0.04	

注：乡村儿童为对照组别。* $p<0.05$，** $p<0.01$。

四、三类社会资本对群体间吸烟行为差异的解释力

为了解社会资本在流动儿童身份与吸烟行为(T1)间所扮演的中介角色，通过KHB法拆解三类社会资本的中介角色，以确认群体间吸烟行为差异是否可由特定类型社会资本所解释。在表23中，直接效应如同表22模型3的结果，流动儿童较乡村儿童有较低的吸烟(T1)可能性，未标准化回归系数值为-1.89，达到统计显著性。总效应代表未加入社会资本变量

前,流动儿童身份与吸烟行为(T1)间的关联,两变量间亦有显著关联。间接效应表示流动儿童身份通过三类社会资本影响吸烟行为的作用,并未达到显著性,其值为 0.09。进一步检验三类社会资本中,哪类社会资本可解释两群体间吸烟行为的差异,研究结果显示三类社会资本均无法解释群体间吸烟行为(T1)的差异;虽然家庭社会资本在间接效应中的比重较多,此间接路径占整体间接效应的 89%,但仍未达统计显著性。综合表 22 和表 23 的分析结果,家庭社会资本和学校社会资本能降低儿童整体的吸烟行为(T1),但流动儿童与乡村儿童两群体间在吸烟行为上的差异并不是因为社会资本不同所导致的。

表23 社会资本在流动儿童与吸烟行为(T1)关系中的 KHB 中介效应分析($N=756$)

吸烟行为(T1)	流动儿童
	$B(SE)$
总效应	−1.79(0.78)*
直接效应	−1.89(0.78)*
间接效应	0.09(0.07)
通过	
家庭社会资本	0.08(0.06)
学校社会资本	0.01(0.04)
同伴社会资本	0.01(0.04)

注:乡村儿童为对照组别。模型中已控制变量——性别、年龄、家长婚姻状态、家长受教育程度。* $p<0.05$。

第五章

喝酒行为预测因素

本章探讨初中生喝酒行为的预测因素，共包括五点，分别为青少年喝酒行为分布、变量间相关、流动儿童与乡村儿童在喝酒行为(T1)上的差异、流动儿童与乡村儿童在喝酒行为(T2)上的差异、三类社会资本对群体间喝酒行为差异的解释力。本章不仅呈现横断面分析结果，也呈现前瞻性研究结果。

一、青少年喝酒行为分布

表 24 呈现两群体喝酒行为的比较结果，在第一次调研中，整体样本的喝酒比例为 4.5%，一个月内不喝酒比例为 95.5%；在第二次追踪样本中，一周内喝酒比例为 1.6%，不喝酒比例为 98.4%。在第一次调研中，乡村儿童与流动儿童相较，虽然乡村儿童喝酒人数较多，但卡方检验结果表明两群体间在喝酒次数上并无显著差别，卡方检验值为 0.28；在第二次追踪样本中，两群体间在喝酒次数上有显著差别，乡村儿童饮酒行为高于流动儿童，与第四章的吸烟行为相同。在 372 名乡村儿童中，10 名在一周内喝过酒；在 334 名流动儿童中，仅 1 名有喝酒行为。由于在第一次调研中的喝酒行为(T1)中，两群体间无显著差异，

因此后续的差异解释分析,聚焦在半年后的喝酒行为(T2)上,因为两群体间有显著的差异存在。

表24 流动儿童与乡村儿童喝酒行为比较结果

	不喝酒行为(T1)数值(N)	喝酒行为(T1)数值(N)	不喝酒行为(T2)数值(N)	喝酒行为(T2)数值(N)	与乡村儿童比较
1. 乡村儿童(T1)	356	20	—	—	—
2. 流动儿童(T1)	366	14	—	—	—
3. 乡村儿童(T2)	—	—	362	10	—
4. 流动儿童(T2)	—	—	333	1	喝酒行为 3>4
卡方值	0.28		6.55*		—

注:* $p<0.05$。

二、变量间相关

表25呈现主要变量与喝酒行为间相关分析结果。当分析喝酒行为(T1)时,相关分析结果来自参与第一次调研的756个样本;当分析喝酒行为(T2)时,相关分析结果来自706个追踪样本的结果。分析结果显示在第一次调研中,流动儿童身份与喝酒行为无关;但在第二次调研中,流动儿童身份与喝酒行为有显著负相关,r值为-0.10,表示流动儿童喝酒次数较乡村儿童少,和表23结果相同。在第一次调研中,家庭社会资本、学校社会资本与喝酒行为间呈负相关,r值分别为-0.16、-0.11,代表家庭社会资本、学校社会资本越多,青少年越少喝酒,同伴社会资本与喝酒行为间无显著相关。在第二次追踪样本中,所有社会资本与喝酒行为间皆无显著相关,与第一次调研的结果不

同。前测喝酒行为(T1)和后测喝酒行为(T2)呈正相关，r 值为 0.18，表示有喝酒行为的初中生在半年后较可能喝酒。

表25 主要变量与喝酒行为间相关分析

变量	1	2	3	4	5	6
1. 流动儿童	1	—	—	—	—	—
2. 家庭社会资本(T1)	-0.05	1	—	—	—	—
3. 学校社会资本(T1)	0.02	0.43**	1	—	—	—
4. 同伴社会资本(T1)	0.04	0.36**	0.38**	1	—	—
5. 喝酒行为(T1)	-0.04	-0.16**	-0.11**	-0.04	1	—
6. 喝酒行为(T2)	-0.10*	0.06	-0.01	0.03	0.18**	1

注：乡村儿童为对照组别。* $p<0.05$，** $p<0.01$。

三、流动儿童与乡村儿童在喝酒行为(T1)上的差异

虽然表24和表25已说明流动儿童与乡村儿童间在喝酒行为(T1)上无显著差异，但表26的分析目的并非在确认先前的研究结果，而主要是在了解三类社会资本是否能预测初中生的喝酒行为。在表26的模型1中，流动儿童的未标准化回归系数值为-0.38，未达统计显著性，表示流动儿童与乡村儿童相较，在喝酒行为上无显著差异。在模型2人口社经背景变量中，仅有家长婚姻状态能预测喝酒行为，双亲离婚者较双亲处于婚姻状态者导致其喝酒行为较多，高出2.67倍。虽然流动儿童未标准化回归系数因为加入人口社经背景变量而减少，但家长婚姻

状态并不是两群体间喝酒行为的解释变量,因为模型1即显示两群体间喝酒行为并无显著差异存在。模型3结果表明,家庭社会资本能减少喝酒行为,家庭社会资本平均值每多1分,可降低青少年11%的喝酒概率[$\exp(B)=0.89$],学校社会资本和同伴社会资本则无预测作用。原本模型2中,家长婚姻状态与因变量间有显著关联,因为社会资本变量加入而作用消失,表示家庭社会资本是家长婚姻状态与喝酒行为间的中介变量,离婚家庭因为家庭社会资本较少,青少年因而有较多喝酒行为。不过,本书研究主要在了解群体间问题行为的差异与解释差异的因素,因此后续并不讨论人口社经背景、社会资本与喝酒行为间的关联。表26分析结果表明,两群体间在喝酒行为上无显著差异,同前所述,之后关于群体间喝酒行为差异解释分析时,将不检验喝酒行为横断面的分析结果。

表26 预测儿童喝酒行为(T1)的逻辑回归模型($N=756$)

变量	模型1		模型2		模型3	
	$B(SE)$	$\exp(B)$	$B(SE)$	$\exp(B)$	$B(SE)$	$\exp(B)$
流动儿童	−0.38 (0.36)	0.68	−0.25 (0.38)	0.78	−0.28 (0.39)	0.75
男性	—	—	0.23 (0.36)	1.26	0.30 (0.37)	1.34
年龄	—	—	0.08 (0.17)	1.09	0.12 (0.18)	1.12
双亲离婚	—	—	0.98 (0.45)	2.67*	0.58 (0.49)	1.78
家长受教育程度为高中及以上	—	—	−0.13 (0.42)	0.88	−0.22 (0.44)	0.81

(续表)

变量	模型1		模型2		模型3	
	$B(SE)$	$\exp(B)$	$B(SE)$	$\exp(B)$	$B(SE)$	$\exp(B)$
家庭社会资本	—	—	—	—	-0.12 (0.04)	0.89**
学校社会资本	—	—	—	—	-0.14 (0.11)	0.87
同伴社会资本	—	—	—	—	0.09 (0.10)	1.09
Cox & Snell R^2	0		0.01		0.03	

注:乡村儿童为对照组别。* $p<0.05$,** $p<0.01$。

四、流动儿童与乡村儿童在喝酒行为(T2)上的差异

表27为预测儿童半年后喝酒行为(T2)的逻辑回归分析结果,模型1的结果表明流动儿童较乡村儿童少喝酒,群体间差异显著,在追踪样本中,流动儿童喝酒可能性仅为乡村儿童的11%,和表24结果相同。模型2加入人口社经背景变量后,两群体喝酒行为显著差异消失,表示群体间喝酒行为的差异是因为不同背景因素所造成。在所有人口社经背景变量中,只有年龄是重要预测变量,年龄每增加1岁,喝酒行为增加3倍。乡村儿童由于入学时年长于流动儿童(表3),当年龄可预测喝酒行为而未控制年龄变量时,会显示乡村儿童较多的喝酒行为。换言之,乡村儿童因为年龄较长,故显示较多喝酒行为,当控制年龄变量后,与流动儿童群体间在喝酒行为上并无显著差别。模型3呈现三类社会资本皆无法预测半年后的喝酒行为,表示社会资本并非解释群体间喝酒行为的重要变量,两群体间半年后

的喝酒行为差异主要是因为年龄不同所造成的。

表27 预测儿童喝酒行为(T2)的逻辑回归模型($N=706$)

变量	模型1		模型2		模型3	
	$B(SE)$	$\exp(B)$	$B(SE)$	$\exp(B)$	$B(SE)$	$\exp(B)$
流动儿童	-2.22(1.05)	0.11*	-1.63(1.07)	0.20	-1.74(1.07)	0.18
男性	—	—	0.37(0.63)	1.45	0.26(0.63)	1.30
年龄	—	—	1.10(0.37)	3.01**	1.18(0.38)	3.26**
双亲离婚	—	—	-0.04(1.08)	0.96	0.33(1.11)	1.39
家长受教育程度为高中及以上	—	—	0.25(0.70)	1.28	0.17(0.72)	1.18
家庭社会资本	—	—	—	—	0.09(0.08)	1.10
学校社会资本	—	—	—	—	-0.26(0.20)	0.77
同伴社会资本	—	—	—	—	0.24(0.21)	1.28
Cox & Snell R^2	0.01		0.03		0.03	

注:乡村儿童为对照组别。* $p<0.05$,** $p<0.01$。

五、三类社会资本对群体间喝酒行为差异的解释力

如表27所示,本书研究者继续分析了半年后群体间喝酒行为(T2)是否可由特定类型社会资本所解释,表28为社会资本在流动儿童与喝酒行为(T2)关系中的KHB中介效应分析,在控制人口社经背景变量后,流动儿童喝酒行为(T2)与乡村儿童无显著差异,直接效应为-1.74,如同表27模型3的分析结果。

未包含社会资本变量前,流动儿童身份与喝酒行为(T2)间关联为-1.76,仍未达统计显著性。间接效应即为总效应减去直接效应的数值,间接效应的数值为-0.02。其中,流动儿童通过家庭社会资本影响喝酒行为的间接路径作用最大,但仍未达统计显著性,另两类社会资本亦无间接作用。换言之,如表27所示,群体间喝酒行为(T2)差异是由于样本年龄不同所致,三类社会资本皆无法解释群体间在喝酒行为发展上的差异。

表28　社会资本在流动儿童与喝酒行为(T2)关系中的KHB中介效应分析($N=706$)

喝酒行为(T2)	流动儿童
	$B(SE)$
总效应	-1.76(1.07)
直接效应	-1.74(1.07)
间接效应	-0.02(0.07)
通过	
家庭社会资本	-0.05(0.05)
学校社会资本	-0.01(0.04)
同伴社会资本	0.03(0.05)

注:乡村儿童为对照组别。模型中已控制变量——性别、年龄、家长婚姻状态、家长受教育程度。

统整以上各表,可以说明群体间问题行为的差异和解释差异的因素,回答一开始所提出的3个研究问题,至于三类社会资本对儿童整体问题行为的预测作用请见相关各表内容。表29为问题行为研究结果统整表,由表29可知,群体间问题行为的差异主要反映在家长报告的外化问题行为上,和父亲同住流动儿童外化问题行为发生率显著高于乡村儿童,人口社经背景变量和家庭社会资本变量能解释多数群体间外化问题行为上的差异,学校社会资本和同伴社会资本并非群体间问题行为差异的解释要素,但可预测儿童整体的部分问题行为。

表29　问题行为研究结果统整表

问题行为类别	流动儿童与乡村儿童群体间有差异	人口社经背景是解释群体间差异的变量	家庭社会资本是解释群体间差异的变量	学校社会资本是解释群体间差异的变量	同伴社会资本是解释群体间差异的变量
家长版报告外化问题行为(T1)	√ 和父亲同住流动儿童＞乡村儿童	√	√	—	—
家长版报告攻击行为(T1)	√ 和父亲同住流动儿童＞乡村儿童	—	√	—	—
家长版报告越轨行为(T1)	√ 和父亲同住流动儿童＞乡村儿童	√	√	—	—
家长版报告外化问题行为(T2)	√ 和父亲同住流动儿童＞乡村儿童 和双亲同住流动儿童＞乡村儿童	√	√	—	—
家长版报告攻击行为(T2)	√ 和父亲同住流动儿童＞乡村儿童 和双亲同住流动儿童＞乡村儿童	√	√	—	—

(续表)

问题行为类别	流动儿童与乡村儿童群体间有差异	人口社经背景是解释群体间差异的变量	家庭社会资本是解释群体间差异的变量	学校社会资本是解释群体间差异的变量	同伴社会资本是解释群体间差异的变量
家长版报告越轨行为（T2）	V 和父亲同住流动儿童＞乡村儿童	V	—	—	—
学生版报告外化问题行为（T2）	—	—	—	—	—
学生版报告品行问题（T2）	—	—	—	—	—
学生版报告多动行为（T2）	—	—	—	—	—
吸烟行为（T1）	V 乡村儿童＞流动儿童	V	—	—	—
吸烟行为（T2）	V 乡村儿童＞流动儿童	—	—	—	—
喝酒行为（T1）	—	—	—	—	—
喝酒行为（T2）	V 乡村儿童＞流动儿童	V	—	—	—

第六章

研究结果、讨论及建议

第六章根据前五章分析结果,与既有文献相对照,除说明研究结果与先前研究一致之处,解释研究结果不一致的可能原因,提出研究贡献所在。本章共分七点,包括群体间社会资本与外化问题行为的差异、外化问题行为结果讨论、吸烟行为结果讨论、喝酒行为结果讨论,以及问题行为改善建议、未来研究建议和本书研究总结。

一、群体间社会资本与外化问题行为的差异

本书分析结果发现和父亲同住流动儿童,其家庭凝聚力低于乡村儿童,与既有研究相似[13],但本书研究是从较正面的家庭功能来进行比较,而非从负面的家庭冲突来比较群体间差异。此研究结果与留守儿童研究相同,母亲外出工作,和父亲同住的留守儿童,家庭凝聚力较低[119]。此群体学校社会资本低于乡村儿童,师生间关系较差,也与既有研究相似[104]。本书研究还发现相较于乡村儿童,和父亲同住流动儿童所得到的同伴支持较少,同伴社会资本较少,间接证实了流动儿童缺乏稳定团体归属感的论述[48]。不过,前述研究多忽略了流动儿童群体内部的

异质性,和母亲同住流动儿童与乡村儿童相较,在三类社会资本分布上并无显著差异,甚至和双亲同住流动儿童一样,其同伴社会资本还高于乡村儿童。这或许反映出在华人社会中性别角色的影响。母亲被期待扮演照顾子女的角色,父亲则为养家活口的角色,流动儿童的父亲平日多忙于工作,即使回家也较少与子女沟通,较少扮演照顾者角色,故三类社会资本皆少于乡村儿童。相对的,或许因母亲较擅于照顾和沟通,被期待扮演照顾者角色,和母亲同住流动儿童或和双亲同住流动儿童,其社会资本大多与乡村儿童无异。群体间除了社会资本分布上的差异,人数比例也不相同,在本书研究中,和父亲同住者比例最少,约3%;和母亲同住者,比例次之,约11%;和双亲同住流动儿童的比例约为85%。与广东省所进行的流动儿童相关研究相同[15]。

在外化问题行为分布上,流动儿童与乡村儿童相较,结果发现和父亲同住流动儿童外化问题行为发生率显著高于乡村儿童,横断面研究结果与既有研究一致[16],也与留守儿童的研究相似[78],本书研究将留守儿童居住安排的研究扩展至流动儿童群体上,深化对流动儿童内部异质性的了解。横断面研究结果显示,和父亲同住的流动儿童为高风险群体,因儿童得不到情感支持,故较可能产生问题行为。结果与早期研究一致,和母亲同住流动儿童与整体的问题行为无关[16]。半年后前瞻性研究结果显示,和父亲同住流动儿童、和双亲同住流动儿童其外化问题行为皆显著高于乡村儿童。前后两次调研结果一方面反映出迁徙对行为所造成的影响,迁徙本身即是一种压力来源。城市中的流动儿童因迁徙,主要面临两种衍生的压力源,即学习压力和社会融入压力。先前文献综述已表明因父母工作的需要,不断搬家、转学的流动儿童要不断适应新的教学环境、教材、课程进度及教学方法[64]。即使不用转学搬家,流动儿童学业成绩也明显落后于城市儿童[73],因此,流动儿童学习焦虑明显高于城市儿童[72],可以说流动儿童遭遇较多的课业压力。许多学者认为,在融入社会上流动儿童自认为是城市中的外来人口,感受到城市人对自己的歧视,体验到被拒斥信息后[35-36, 51-52],比城市人有较多孤独感和人际焦虑感[72],在融入当地小区和群体上,流动儿童存在着融入社会的压力。相对的,乡村儿童并不用迁徙,无须面对迁移相关的压力源。当流动儿童群体无法快速适应城市环境时,这或许使得在前瞻性研究中某些类型流动儿童群体在外化问题行为上较乡村儿童明显。

本书研究结果还反映出迁徙压力不必然导致外化问题行为产生,在流动儿童群体中,和母亲同住的流动儿童行为表现较佳。研究结果显示,和母亲同住流动儿童的外化问题行为与乡村儿童无显著差别,因此,居住安排方式是造成儿童不同外化问题行为的要素之一。和父亲同住、和双亲同住流动儿童的外化问题行为(T2)显著高于乡村儿童的研究结果,反映出父亲在流动儿童外化问题行为发展中扮演着重要角色,与母亲相较,在关爱分数上,父亲的得分显著低于母亲[120],父亲不擅于表达和沟通,子女较少感受到父亲的关心。即使和双亲同住流动儿童能从母亲一方得到关爱和温暖,但元分析研究结果显示,父亲情感温暖对心理健康的效应绝对值远大于母亲所带来的影响[121],这意味着和双亲同住流动儿童所得到的家庭关爱或许仍低于乡村儿童。在流动儿童遭遇新环境压力时,无法得到双亲的即时支持,满足其需求,因而产生较多攻击行为和越轨行为。

二、外化问题行为结果讨论

(一)家长版报告外化问题行为

在外化问题行为差异上,本书研究使用CBCL所得到的结果与Hu等研究结果一致[4],皆发现流动儿童有较多外化问题行为。Hu等认为,当迁徙改变稳定的生活状态时,流动儿童需要适应新的环境和重建新的社会关系,而适应过程不一定平顺,可能包含冲突,会有适应不良情况发生。家庭迁徙不仅会改变家庭结构,还会改变亲子关系。不过,Hu等的研究并未论证其假设,不知哪一类流动儿童群体较易有外化问题行为,也不知何种社会关系可解释群体间差异。本书提出更深入和细致化的发现,研究结果表明,相较于未迁徙的乡村儿童,和父亲同住流动儿童是较为弱势群体,在前后两次调研中,外化问题行为皆显著高于乡村儿童。在外化问题行为中,横断面研究结果显示和父亲同住的流动儿童,他们的越轨行为较明显,在半年后的前瞻性研究结果中,和父亲同住流动儿童、和双亲同住流动儿童的攻击行为则较为明显。这反映出随着时间的增加,流动儿童群体并未完全适应迁徙所带来的压力。Aseltine等也发现压力易引发个体愤怒情绪,较少理性考虑行为的后果,因而有较多攻击行为和越轨行为[122]。值得一提的是,本书研究表明流动儿童并非同构型群体,和母亲同住流动儿童,其外化问题行为与乡村儿童无异。

在解释流动儿童与乡村儿童群体间差异的研究上,虽然目前并无相关研究可做比较,但仍可从迁徙与社会资本间关系、社会资本与外化问题行为间关系的研究上得到支持。学者对于流动儿童至城市生活后,社会资本的变化有不同的看法。叶庆娜持较为乐观的看法[53],主张相较于乡村儿童,流动儿童在乡村的人际网络减少并不多,加上到城市新建的人际关系网络,故社会资本总量得到增加。其他多数学者则持较为悲观的看法,认为迁徙会减少既有社会网络,对于具迁徙经验的儿童,其社会资本量较少[13,17-18],这不仅反映在家庭社会资本上[13,17],也反映在学校社会资本上[18,104]。本书研究结果显示出迁徙与社会资本关系间复杂的图像:一方面迁徙不仅减少家庭社会资本和学校社会资本,也减少同伴社会资本,但这仅反映在和父亲同住流动儿童群体中。虽然和母亲同住或和双亲同住流动儿童群体的社会资本绝大多数较乡村儿童少,但未达统计显著性,这反映出父亲在家庭活动和学校活动中参与的缺位,有母亲陪伴的流动儿童家庭,社会资本不至于减少太多。另一方面,流动儿童特定社会资本的增加,仅反映在和双亲同住流动儿童的同伴社会资本上,且仅反映在追踪样本中,这表示在继续参与样本中,流动儿童所感受到的同伴支持较乡村儿童高,此结果呼应流动儿童人际友好随时间而增加的趋势[83],也对叶庆娜的假设论述[53]提供了部分的支持证据。

在社会资本与外化问题行为关系上的研究,本书与多数研究一样,发现家庭社会资本能预测外化问题行为[100],也对外化问题行为有延时性影响[102-103]。本书研究发现家庭社会资本影响力高于学校社会资本,也和先前研究一致[90,103]。本书研究还进一步指出家庭社会资本不仅能减少初中生半年后的攻击行为,还能减少他们的越轨行为。张春妹等仅探讨同伴关系与流动儿童外化问题行为间的影响机制[67],若将家庭社会资本加入分析模型中，或许将发现同伴社会资本与外化问题行为间关系较弱，甚至失去影响力。在本书研究中，横断面相关分析结果显示，三类社会资本皆与外化问题行为间呈负相关，但多元线性回归分析结果显示家庭社会资本的相对影响力高于另两类社会资本，凸显出青少年外化问题行为肇因于家庭、显现于学校的现象。同伴社会资本对家长所报告外化问题行为无预测力的可能原因是测量内容不够精确所致，有的研究发现同伴接纳能降低问题行为[67]，有的指出同侪关系只与特定问题行为有关[65]，有的则发现同伴支持会增加吸烟、喝酒行为。因社会学习论说明结交有问题行为的朋友会增加个人从事偏差行为的可能性[13,105]，问卷中无法确认初中生所结交的同伴是否违纪行为者，故可能弱化同伴社会资本的作用。

Shen、Zhong 的研究[108]发现初中生学校情感依恋能预测违纪行为，与 Shen、Zhong 研究结果不同，本书研究并未发现学校社会资本与外化问题行为、攻击行为、越轨行为间的显著关联，研究结果差异或可归因于使用不同因变量。Shen、Zhong 使用吸烟、喝酒等 7 个项目作为违纪行为指针。本书研究使用的项目较多，外化问题行为由 33 个项目所构成，越轨行为指标也至少由 13 个题目组成。当涉及的问题行为越少时，学校社会资本的作用或许越能彰显，在本书研究中的学校社会资本作用也仅反映在吸烟行为上。此外，社会资本涉及关系质量、涉及蕴含在关系中的资源，因此，社会资本的测量需有信效度，否则将如同陈曦的研究[95]，得到任何社会资本都对问题行为无预测力的结果。

使用家长版 CBCL 的中介分析结果发现，家庭社会资本能部分解释和父亲同住流动儿童和乡村儿童在外化问题上的差异，不仅展现在横断面分析上，也展现在前瞻性研究上，研究结果扩展了Shen、Zhong的研究范畴，从横断面扩展至跟踪研究上，从与城市儿童比较到与未迁徙的乡村儿童比较上。人口社经背景变量也能部分解释群体间外化问题行为上的差异，与先前研究结果相似[106]。本书研究结果表明，性别、家庭社会资本能完全解释和父亲同住流动儿童与乡村儿童间在外化问题上的差异，这表示此类群体有较多男性和较少家庭社会资本，因此展现出较多攻击、越轨等问题行为。不过，三类社会资本并无法解释和双亲同住流动儿童与乡村儿童两群体在半年后外化问题行为上的差异，或许未来研究可从控制或冲突的观点进行社会资本的测量，而非仅测量关系中的情感支持，以了解家长监管或亲子间冲突是否可解释和双亲同住流动儿童与乡村儿童间在外化问题行为上的差异。本书延伸了早期迁徙与青少年暴力攻击行为间的关系研究[105]，同样将Coleman社会资本论点应用于流动儿童身上，也发现相似的结果。在Haynie、South研究中[105]，家庭社会资本只能解释迁徙与美国青少年暴力攻击行为间仅5%的关系；在本书研究中，家庭社会资本可解释群体间攻击行为（T1）约29%的差异，可解释群体间攻击行为（T2）约10%的差异。由于华人社会强调家庭凝聚力的重要性和群体间的相互依赖[123]，这或许使得家庭社会资本对于流动儿童与乡村儿童间攻击行为差异的影响力较高。相较之下，西方社会较鼓励青少年自主和独立，这或许是Haynie、South研究中亲子关系较少能解释迁徙与青少年暴力攻击行为间关系的原因。整体而言，社会资本论点对于流动儿童群体具有一定程度的解释力，尤其是针对和父亲同住流动儿童而言。

（二）学生版报告外化问题行为

本书研究使用学生报告外化问题行为量表（SDQ）的信度较差，品行问题和多动问题次量表的信度值皆不到 0.6，与既有研究一致。在 Vugteveen 等研究中[124]，家长版报告的信度值较高，以多动行为为例，其信度值为 0.68，高于学生报告的 0.56。简言之，学生版量表的信度值和准确性皆较家长版量表差[117,124]。虽然学生报告的问题行为有此缺点，但此量表仍有聚合效度（convergent validity），能正确筛选具行为障碍和多动症（Attention-deficit hyperactivity disorder，ADHD）的青少年，因此可作为补充量表。在本书研究中，流动儿童与乡村儿童在自己报告的外化问题行为上并未呈现显著差异，与家长版报告结果不同，这一方面可归因于学生版量表信度较差所致，量表缺乏稳定性；另一方面则可归因于两种量表测量不同的外化问题行为，家长报告的 CBCL 主要测量攻击行为和越轨行为，学生报告的 SDQ 则测量品行问题和多动行为，概念间相关程度不到 0.5[124]，表示测量不同的概念。考虑使用学生版量表时，无群体行为差异产生，后续讨论以探讨社会资本对整体样本品行问题和多动行为的预测作用为主。

在影响品行问题上，本书研究发现，家庭社会资本、同伴社会资本可预测半年后初中生品行问题，这与先前综述研究结果相符[125]，家庭和同伴都对青少年各种问题行为多有影响力。虽然该综述研究指出，目前实证研究针对外化问题行为的研究文献数量偏少，但国外 Witvliet 等以品行问题和对抗行为作为问题行为指标[126]的研究文献可为本书研究结果提供支持依据。通过实验介入方法，发现在实验组中同伴的接受可降低问题行为，整个介入方案对降低儿童问题行为也有显著效果，同伴数量并无影响力，因此正向的同伴关系对减少品行问题有其重要性。同前所述，本书研究中同伴社会资本的作用较弱，或许由测量不够精确所致，若能排除偏差同伴的朋友关系，同伴社会资本的作用应不仅显现在品行问题上，也可能彰显在家长版报告的外化问题行为上。

在影响多动行为上，本书研究发现，家庭社会资本能降低半年后多动行为分数，其他类型社会资本对改善多动、易冲动、分心行为无显著影响，这与国内外研究结果一致。国内研究指出，多动症患者的家庭功能较弱，与非父母照顾和亲子关系较差有关[127]。刘君等通过改善亲子关系来促进多动症儿童的专注力[128]，以改善学业成就，降低焦虑情绪，实验研究结果发现，专注力药物加上亲子关系建立的综合干预可改善多动症儿童的学业成绩，虽然单纯药物治疗组也能改善学生成绩，两组治疗后成绩无显著差异，但就亲子关系和情绪改善而言，综合干预组较单纯药物治疗组效果较为明显。Wustner等在德国搜集三个时间点的青少年数据进行跟踪研究[129]，分析结果显示，家长心理疾病增加，多动症症状将增加；家庭氛围改变，家人间情感支持增加，能减轻青少年多动症症状；初始的家庭氛围无法预测多动症变化，其他人的社会支持也对多动症无显著作用。这些结果反映了家人间的情感支持有利于改善多动相关行为，其他类型的社会支持几乎没有效果。这可能是因为多动症主要涉及神经生理学和遗传因素，与之前的攻击、越轨等外化问题行为较为不同。

三、吸烟行为结果讨论

在本书调研的福建省初中生中，一个月内吸烟者仅占全体样本的 2.2%，一周内吸烟者仅为 0.8%，远低于 2005 年全国初中生 7.9% 的吸烟比例[130]，与近十年的研究结果较为相似，2011 年浙江省杭州市初中生一个月内吸烟率为 3.2%[131]。本书调研的流动儿童吸烟率不到 1%，也远低于 2010 年四川省成都地区流动儿童近 14% 吸烟率的研究结果[68]。在我国，吸烟的法定年龄为 18 周岁，初中生抽烟皆为违反法律的问题行为。本书结果显示，这几年来，校园烟害防治倡导颇有成效，通过相关活动降低了初中生的吸烟比例。不过，本书研究发现男生吸烟率高于女生 3 倍多，与季成叶等的研究结果相同[130]。本书研究指出，乡村儿童吸烟行为发生率显著高于城市流动儿童，与先前研究结果相似[13,97]，乡村儿童吸烟率高于流动儿童的原因可能在于管控较为松散和健康危害知识较为不足所致。在农村，抽烟、喝酒的社交功能较强，人们多半认为向人敬烟敬酒是一种礼貌行为，因而对儿童抽烟、喝酒行为的态度较为宽容。沈新坤认为，农村社区并非学习型社会，而是一个模仿型社会。在农村社会里，由于农村的社会流动和分化，村庄的社会舆论影响力和道德约束力量也随之下降，长者失去了对年轻社会成员越轨行为按照地方习俗进行惩罚的权力，儿童的抽烟、喝酒行为被纵容[132]。杨科调查河南贫困地区农村青少年危险行为时发现，河南贫困地区农村的青少年儿童抽烟和喝酒的比例都高于城市及经济状况更好的农村。杨科分析认为，是因为贫困落后农村的父母文化程度低，不太了解这些行为的危害，因而没有严厉制止孩子所导致的[133]。简言之,农村对儿童抽烟、喝酒的危害认识不充分,对儿童抽烟、喝酒不够敏感,因而管控相对宽松,在农村,儿童很容易就可以买到烟酒,且儿童尝试抽烟、喝酒的代价较小。而有城市生活经历的人,对儿童抽烟、喝酒的危害认识充分,管控严格,城市里儿童买到烟酒的可能性小,儿童抽烟、喝酒的代价较大。

与Magson等的研究相较[98],家庭社会资本和同伴社会资本的结果相同,与学校社会资本的结果不同。本书研究发现家庭社会资本和学校社会资本能降低吸烟行为,同伴社会资本则无显著预测作用,这可能是因为在Magson等的研究中,家庭社会资本和同伴社会资本都直接测量亲子间和同伴间的信任和支持,学校社会资本则测量归属感(belonging),而非直接测量师生关系,此种间接测量或许弱化了学校社会资本的作用。陈国华的研究虽然没有分析学校社会资本[68],但研究结果建议在家庭和学校中建立预防吸烟的社会网络。从本书研究结果来看,这是正确的建议。吸烟行为与攻击、越轨、多动等其他外化问题行为最大的不同之处在于吸烟行为需要花钱,且吸烟后身上会有烟味,易于被他人发现,不像其他问题行为不需要花费金钱,有时也难以被发现。当亲子关系和师生关系佳时,个体会考虑吸烟行为会耗费金钱,且易被发现,为避免重要他人伤心,符合重要他人期望,会避免吸烟此一行为。同伴社会资本与吸烟间无显著关联,此结果和先前的文献综述相同[96]。

虽然本书研究发现流动儿童与乡村儿童两群体间有差异,且两类社会资本能降低吸烟行为,但KHB中介分析结果显示,各类社会资本皆无法解释群体间吸烟行为的差异,这与Zhang

等的研究结果相似[13]。在 Zhang 等的研究中,亲子关系是流动儿童身份与吸烟喝酒行为间的抑制变量,而非中介变量。本书相关分析表明,两群体间的社会资本并无显著相关,不同于四群体间社会资本有显著差异,因此,社会资本无法在流动儿童身份与吸烟行为间扮演中介角色,解释群体间的差异,或许儿童健康危害知识和家长监管才能解释群体间吸烟行为的差异。Jiang 等的研究虽表明家庭社会资本可部分解释青少年吸烟行为在城乡间的差异[97],但本书的分析对象为流动儿童,由于迁徙需要适应新环境,不同于无须迁徙的城市儿童,故研究结果间无法进行比较。本书分析结果表明,即使加入人口社经背景变量和社会资本变量,两群体间差异依旧显著,表示后续研究应该从其他观点来看待群体间的差异,以解释群体间吸烟行为的差异。

四、喝酒行为结果讨论

与"初中生喝酒"既有研究文献相较,本书所调研的福建省初中生一个月内喝酒比例近 5%,一周内喝酒比例近 2%,喝酒比例相对较低。河南省 2005 年的调研结果显示,一个月内曾喝酒的初中生约占 20%[134]。浙江省 2011 年的调研结果显示,一个月内曾饮酒的初中生约占整体样本的 16%[131]。2015 年的研究结果表明,近 8%的珠江三角洲初中生有喝酒行为[135]。如同吸烟行为的研究结果,本书研究发现,初中生低喝酒盛行率反映出近年来校园进行青少年喝酒防治的积极成效,不同时期的喝酒研究呈现初中生喝酒盛行率下降趋势。在群体间比较上,本书研究指出在第一次调研中,流动儿童与乡村儿童在喝酒行为上并无显著差异;在半年后的追踪样本中,乡村儿童的喝酒次数则显著高于流动儿童。由此而知,流动儿童面对迁徙压力时,并不是通过饮酒来纾解自身压力。

在群体差异解释上,乡村儿童喝酒行为多于流动儿童的原因可归因于年龄因素,本书样本中的乡村儿童年龄较长,而年龄是预测喝酒的重要因素,当控制年龄后,群体间喝酒行为便无差异存在。由于我国不像其他国家如美国有饮酒年龄限制,须到21岁才能饮酒,在未限定饮酒年龄的规范下,当青少年年龄增加、社交活动范围变广时,喝酒机会将随之增加。三类社会资本由于无法预测半年后喝酒行为,因此也无法解释群体间的差异。

值得一提的是,本书研究的喝酒行为横断面分析结果与先前研究一致,发现家庭社会资本能减少喝酒行为,家庭成员间相互支持是喝酒行为的保护因子,同伴社会资本则无预测作用[96]。国内横断面研究也指出,亲子关系佳可减少初中生喝酒行为,父亲或亲属有饮酒行为,则是危险因子,会增加初中生饮酒行为,因青少年可通过社会学习增加饮酒可能[135]。不过,在前瞻性研究中三类社会资本皆无法预测半年后喝酒行为,这一方面说明横断面研究结果或许反映没有喝酒者有较佳的家庭凝聚力,因为自身没有不良行为,能被家庭成员接纳;不是因家庭社会资本的影响力,并不是青少年被邀请去喝酒时为避免辜负重要他人的期待而选择不喝酒。另一方面,社会资本无作用的结果反映出在宽松的规范脉络下,社会资本的作用将减弱甚至消失。国外由于对饮酒年龄有明确法律规定,大多数国家的标准为18周岁,初中生饮酒为非法行为,故在跟踪研究中,社会资本能降低喝酒行为[96]。在我国,只有卖酒的年龄限制,并未限定饮酒年龄。换言之,在初中阶段饮酒并不是非法行为,因此社会资本的影响力受限,毕竟不是非法行为,不需要进行行为控制。简言之,在不同规范脉络下,社会资本与青少年喝酒行为关系也随之不同。

五、问题行为改善建议

(一)外化问题行为

本书研究发现,相较于乡村儿童,流动儿童有较多攻击行为和越轨行为,已有文献指出这些外化问题行为与未来的暴力和犯罪密切相关。为降低未来青少年犯罪率,相关政策防治上应着重在流动儿童群体上,尤其是和父亲同住流动儿童,此群体的外化问题行为不管在横断面研究还是前瞻性研究中都显著高于乡村儿童。政策制定者应了解和父亲同住流动儿童由于家庭社会资本较少,因此发展较多的外化问题行为。要缩小群体间外化问题行为差异或是减少儿童整体外化问题行为,家庭社会资本是关键。本书研究从个案和小组社会工作的角度,提出下列做法,家长也可参照这些方法,以增进家庭成员间凝聚力,减少成员间冲突,提高家庭社会资本,减少青少年外化问题行为的产生。

1. 个案社会工作服务介入

个案社会工作服务通过面对面互动,不仅有利于建立社工和青少年之间的信任专业关系,具有直接影响青少年的效果,而且可以通过多次、密切合作,触动青少年的深层次心理。个案社会工作在改变青少年的同时,也积极地对案主的家人开展工作,促成他们的改变,改善青少年的家庭环境,帮助青少年获得更多的积极肯定、获得改变的信心和能力,形成改变循环圈。个案社会工作还进行介入扩展,将家庭成员的改变形成联结,促成整个家庭的改变。

个案社会工作服务介入,无论是帮助家庭解决矛盾还是降低家庭暴力、缓解家庭贫困,家庭改变的核心都是家庭成员关系的改变,这印证了中国的古话:"家和万事兴。"所以,在个案社会工作服务介入中多半包括提升家庭成员关系的工作。具体提升家庭成员关系的个案介入服务案例的规划与设计可分为以下三点[136]。

(1)专业服务基础

问题中能力的观察:青少年的家庭关系存在问题,但是并不意味着青少年的家庭关系没有可资利用的价值。青少年至少可以和某个家庭成员保持互动,或者和家庭成员保持某种层面的互动。青少年成功地维持了家庭关系的现状,或者防止了家庭成员关系的进一步恶化,这就是青少年问题中能力的体现。

优势能力的观察:本书研究者常常发现,青少年的家庭成员关系差,但是青少年却与同伴、朋友等保持良好的关系;甚至青少年的家庭成员对青少年的评价与青少年的同伴、朋友的评价相差很大。青少年如何维持与同伴、朋友的关系,这将观察到青少年的不同优势。

日常生活安排能力的观察:虽然青少年的家庭关系不理想,但是青少年却能将自己的家庭生活基本安排顺当。就好像有些夫妻关系冷淡,但夫妻之间的合作还保持基本完好,夫妻之间的义务基本可以尽到。考察青少年的日常生活,会看到青少年具有一种能力,其没有处理好家庭关系,但却维持了"我们是一家人"的事实。

(2) 专业服务策略

社工与介入者必须接纳青少年在处理家庭关系中的价值观念和具体方式,肯定青少年在维系家庭关系中成功的方面,这样青少年才能信任社工,并且产生改变的希望和接受帮助的愿望。社工要和青少年一起发现青少年的能力,总结青少年成功操作的要点,并且训练青少年在家庭成员身上进行更多的尝试。

社工与介入者要鼓励和引导家庭成员认真地感受案主的努力和变化,并且以青少年可见的方式反馈给案主;青少年会因此得到激励;然后社工及时地帮助青少年总结他的成功,总结青少年的努力可引发改变循环,意即"案主的改变—家庭成员的改变—家庭的改变";当联结形成,案主的改变也能巩固;当他们看到自己的努力及效果时,他们就能更好地控制自己,行为更为自主。在工作中,要特别注意青少年的问题和能力,并与特定的处境联系在一起,关注案主的行动过程,在青少年与家人的互动中帮助他们,发现并改变青少年与家人的互动结构。因此,社工与介入者要改变青少年对"故事"的叙述方式,即从"事实是什么——他们与家人的关系是什么样子",转变为"如何应对——青少年促成这种状态的实际行动"。

当案主尝试改变之后,可能会遭遇失败的挫折,可能会遇到家庭成员的抵制。社工与介入者要提前"打好预防针",并且及时发现青少年沮丧的情绪和放弃的想法并进行宽慰和鼓励。及时评估青少年所遇到的困难,将改变的步骤设计得再小一些。

(3) 专业服务目标

拥有家庭关系的合理价值观念。有时候家庭成员之间关系难以处理,是因为案主有不合理的价值观念,比如不具备男女平等和尊重女性的价值观念、比如认为未成年人不具有主体性的观念、比如赚钱多的人应该当家做主等观念，都常常会成为家庭关系不好的价值根源。

提升自我。家人之间的习惯、利益、情感、价值等纠结在一起，有事情真的不好分清是非对错，糊涂一点就能相安无事。装糊涂是要有强大自我的。有的人就是因为自我太脆弱，将自己保护得太好，不能后退一步，遇到分歧就剑拔弩张，最后才两败俱伤。所以，提升自我应该是专业服务的目标之一。

2. 小组社会工作服务介入

小组社会工作具有很大的优势，不仅因为可以一次性地为具有同质问题的成员服务而提高了效率，更因为小组可以提供真实的训练空间、小组经验等治愈性条件。具体提升家庭成员关系的小组社会工作介入服务案例的规划与设计可分成以下两点。

（1）小组任务获得方案设计

常见的小组任务获得途径有三个：社会调查、社会工作机构分派和个案积累。无论哪种途径，社工与介入者都要对家庭关系的现状、常见家庭关系障碍类型、危机家庭关系的成员表现、家庭成员人际关系需求等有丰富的了解。也就是说，要通过阅读文献、社会调查和个案研究，了解青少年的家庭关系。

小组任务获得以后，就要按照小组社会工作方案设计程序，将方案设计出来。

首先要在计划中将小组社会工作的理念性内容阐述清楚，内容包括：①小组设计的原因。社工与介入者必须清楚自己为什么要开展工作。我们必须保证我们的小组社会工作服务回应了成员的需求,而且能够解决成员面临的问题。自古"清官难断家务事",社工能处理家庭关系问题,不仅是因为社工掌握了人际工作技巧,能够相对理智地处理问题,更重要的是,社工可以创造环境和机会,促成组员的成长,让组员自己有能力更好地处理家庭成员间的人际关系。②小组的工作理论。小组社会工作服务是通过一系列活动改变了成员的认知和行为,训练了成员的能力。社工要保证自己的小组游戏、小组讨论和小组实景练习的安排在理论上是行得通的,比如沟通理论、社会距离理论、角色扮演理论,都是在家庭关系训练小组或治疗小组中常用的理论。

其次要确定小组服务的目标。终极目标当然是建立良好的家庭成员关系。但是也应该根据每次的小组任务将目标分级和分类,同时也要根据自身的专业素养确定具体的小组工作目标。比如,有的是确定为培养组员的亲子关系,有的是治疗组员经历家庭暴力后所产生的创伤性心理问题。

最后为招募组员阶段。根据小组要解决的家庭关系问题或要训练的家庭关系能力,将组员的性别、年龄、受教育程度等特征确定下来,作为后面招募和筛选组员的资格条件。一般情况下,社工会根据小组要解决问题的类型和工作方式确定小组类型,这与确定小组组员的资格条件密切相关。比如,要解决的是婆媳关系问题,就可能是成长小组;要解决的是家庭暴力问题,就可能是治疗小组。小组类型不同,组员特点不同。在确定组员资格时,一定要注意将组员资格与小组类型契合起来。

(2)专业服务活动与策略

根据小组服务目标设计多种活动,以达成小组目标。以角色扮演活动为例,通过角色扮演,小组内的青少年可以实现视角转换,并且通过自己的角色行为,体验角色的价值观念、责任感观,从而丰富自己的理解角度,使自己在家庭成员互动中表现得更成熟和富有理解力,从而减少人际冲突。"不当家不知柴米贵",没有承担相应的角色,就难以从这个角色角度去理解事物,这是家庭成员之间沟通互动的最大障碍。角色扮演还可以锻炼青少年的"想象预演能力"。在做事情之前可以较为准确地预判行为后果,可以有效控制和调整自己的行为,避免灾难性后果的发生。有时候,家庭成员之间关系遭到破坏,并不是因为有很严重的利益冲突,仅仅是因为青少年没有注意说话方式等微小的细节。但是,青少年没有意识到这些小细节常常发生,日积月累会对家人之间的信赖产生侵蚀。

讨论与反思也是实用的活动,在多个活动练习中,一定要有一个讨论的过程。角色扮演让组员有了具体的体验,而只有通过讨论,青少年组员才能分享彼此的体验,才能得到一面观察自己的镜子,才能反思自己的行为和理念。只有反思,人们才能从深层次的精神和心理上得到触动和改变。在家庭关系中,"习以为常"是人们痛苦却又难以改变的阻碍。只有通过讨论和反思,人们才能看到"常事"中的异常,才能产生认知冲击和想要改变的强烈动机。随后在社工与介入者的帮助下,训练更有效的沟通和互动技巧,组员的家庭关系才能有实质性的改变。

实景练习是保证小组工作外在效度的重要环节。小组前期的活动,无论设计得再好,总归是"实验室环境"的训练。在日常生活中这些训练效果如何,不能单凭理论推理,要在实景中进行演练才是最好的。这是家庭关系问题小组服务介入特别需要的策略。只有在实景中,组员才能真正面对和应对家庭成员及人际压力,才能实现目标。这个时候,社工与介入者可能要应用前文所述的个案工作介入技巧。

在社工服务介入计划中要特别注意的问题是:小组一切因素都可能是介入的切入点。从小组誓言开始,让组员学着约束自己;制订小组规则,让组员学习民主和互动的基本规则;小组分享讨论,让组员学会沟通和表达;小组经验,让组员的亲社会倾向慢慢得到培养。社工要意识到小组是改变组员的工具,组员在小组里的一切活动都可以是切入点。另外,还要实现小组工作所培养的组员改变、组员家庭成员改变的循环和联结。组员的改变要体现在家庭的人际关系中,最终促成家庭关系的改变。

本书研究表明,同伴社会资本对品行问题具有延时性效果,同伴间的相互支持能减少易怒脾气和违纪行为,相关政策欲改善学生品行问题,须先改善特定学生的同伴关系。本书研究依据以往文献提出的两种方式来改善学生的同伴关系,两种方法皆为治疗性活动,可应用在全体学生身上。两种方法的逻辑都是通过小组活动,让每个学生在小组内感受到被接纳、被支持,进而有较佳的同伴关系。一个活动被称为好行为游戏(Good Behavior Game,GBG)[126],将4~5个学生分成一组,每组被分配到相同数量的好行为者和行为偏差者,时间约2个月,一开始给予各组别一定数量的奖卡,若任一组员没有遵守规范,则抽走一张奖卡,若能遵守规范则给予奖卡,以小组遵守规范表现作为奖惩标准,最后奖卡可换得实质奖励。规范从一开始的教室内规范最后延伸到教室内外的规范,为获得较多奖卡,学生们会相互提醒和支持。活动促使同伴间互动增加、支持增加,实验组在前后测对照和控制组对照中,学生感受到的同伴支持显著增加。另一个活动为秘密红账活动,以6人为一组,包含嫌弃儿和一般儿童,时间约2个月,一开始为记红账活动,规定小组成员只能观察实验组成员好的行为,不准记录坏的表现,再来安排社会支持活动——小天使和守护神,创造同学间相互支持的机会。不受欢迎的学生感受到他人的正面期待和肯定,引发积极的自我印证预言,促成行为的改善。社会支持活动给予嫌弃儿温暖的气氛,使不受欢迎者改变自己与人相处态度的成见,恢复对自己的信心,实验研究指出实验组在原班级同伴关系中获得显著改善[137]。当班上能实施这些介入活动以改善较不受欢迎学生的同伴关系时,他们的品行问题可预期也能随之改善。

(二) 吸烟行为

本书研究结果显示,乡村儿童较流动儿童有较多吸烟行为,因此制定减少吸烟政策的首要目标应聚焦在乡村儿童群体身上。政策制定者须了解家庭社会资本和学校社会资本较少会增加儿童整体吸烟行为,要降低整体吸烟行为应从改善家庭关系和师生关系着手。前文已说明如何改善家庭关系的方法,在此则讨论如何改善师生关系的方法。初中阶段为升学的重要阶段之一,师生互动多围绕在学业分数上,较少关注学生的心理需求,因此有些学生感受不到教师的关怀,特别是学业分数较差的学生,师生关系较差。要改善师生关系,本书研究依据关系修复论和优势观点提出两个简易方法以达成此目的,进而减少青少年吸烟行为。

一是每周布置1~2次的日记作业,布置作业的目的不是在于作为学业成绩的评比分数，而是作为学生需求表达、情绪抒发和师生关系修复的管道。教师鼓励学生在日记中表达自身需求和感受，了解学生需求，认真回应学生需求，学生自能体会到教师的关心。当师生关系不良时，日记正好可作为师生间一对一互动的平台，教师从日记中可了解学生对自己的不满和误解在哪里，实时反馈以削减师生间的误会或冲突，这便是关系修复的有效方法。这套建立关系、维持关系、修复关系的模式已被实验研究证实能显著改善初中生师生间关系，并减少学生课堂上违反秩序的行为[138]。

二是发现每一个学生的闪光点，尤其是学习成绩较为落后的学生。在升学竞争环境下，学习中等或学习落后的学生，较少能得到教师的肯定，甚至会受到教师的不断批评和处罚，减少师生间相互支持的关系。如果教师能发现这些学生在学习之外的优点，肯定赞美每个学生，对学生抱持正向积极看法。依据优势论点，学生受到重要他人肯定，不仅满足自尊需求，改善了既有师生关系，自身对自己抱持正面看法，也增加其行为改变的机会。优势观点的原则便在于聚焦于个体的优点而非缺点，让学生感受到支持和鼓励，人际关系因此能朝较积极的方向发展。

除了改善人际关系而外，改变学生对香烟的利弊认知也是可行之道。学校教师可利用课余空堂时间对学生进行远离香烟的倡导，说明吸烟的短期和长期身心危害，举行互动活动，如小组讨论、角色扮演、头脑风暴等。不要只是静态倡导，因为静态的教育倡导法已被证实成效有限。让学生投入实际活动中，通过改变学生对吸烟的利弊认知，学习抵制吸烟的技能，让男生知道抽烟并不是成熟或酷的表现，让女生知道抽烟不是追求性别平等的途径，只是会让自己陷入更加焦虑的行为。实验研究已证实，通过利弊认知的介入活动可减少吸烟动机，降低之后的吸烟行为，没有体验利弊认知介入活动的控制组，后测吸烟行为反而增加[139]。政策施行若能结合多种介入策略，初中生吸烟行为可预期将随之减少。

（三）喝酒行为

在我国，青少年喝酒行为并非违法行为，这可能与我国数千年来的饮酒文化有关。在法律非禁止下，历年研究显示青少年饮酒行为逐年减少，应是学校积极实施健康教育所形成的。学校向学生倡导喝酒危害，可减少喝酒行为，先前研究已证实学校实施健康教育是控制学生饮酒的有效措施之一[140]。除了学校健康教育外，从家庭面介入也能降低青少年饮酒行为，比如提升家长对于青少年喝酒的危害意识并请家长设立限定饮酒的家规。元分析结果显示，亲子关系结合家长设立限定饮酒的家规，即将一般家长实践与饮酒相关实践相结合的做法，其效应值大于仅设立饮酒家规的实践作用，家长设立限定饮酒家规的作用则高于良好亲子关系的作用[141]。荷兰青少年在小区喝酒为常见行为，与该国饮酒文化有关，以小区为主的青少年喝酒预防介入，活动着重在提升小区家长对青少年饮酒与发展间关联的认知，鼓励制定饮酒相关规范。研究结果显示，相较于小规模实施的地区，以小区为主的防治介入有明显成效，能降低初中二年级学生一年后和五年后的饮酒行为[142]。不过，该研究也指出，此防治介入对于高中一年级学生并无显著成效，因为荷兰法定饮酒年龄为16岁，高中一年级学生已接近或符合其法定饮酒年龄，有可能受到已满16岁同伴的影响，或是可能认知到饮酒已非违法行为,故以强化小区家长意识和实施禁酒家规的方案失去其影响力。此结果如同本书研究结果,家庭社会资本对于多项问题行为具有延时性影响,但对于饮酒行为失去影响力,主要原因仍在于在我国喝酒并非属于问题行为。本书研究分析结果呈现乡村儿童喝酒行为高于流动儿童,因此,欲降低学生喝酒行为尤其是乡村儿童的饮酒行为,应继续实施学校健康教育倡导。

六、对未来研究的建议

本书研究在理论上有两方面的贡献:一是首次将随迁儿童依居住安排区分成三类,深化此群体内部异质性的了解;二是将社会资本论点首次应用在解释流动儿童与乡村儿童问题行为的差异研究上,促进对各类型社会资本作用的了解。在研究方法上,本书研究不但避免了相同来源的偏误结果,也避免了变量间反向因果性可能。不过,本书研究仍在五个方面存在局限性。

一是研究结果概推性有限。本研究虽以随机抽样方式选取福建省初中学生,研究结果能提供给福建省或流动儿童人口数较多的省份参考,却难以提供给流动儿童人口较少的省份作为参考。因为各省经济结构不同,流动儿童人口多集中在中东部经济发达地区,在中东部地区城市生活的经验应不同于在西部地区城市生活的经验,未来研究可搜集其他高比例流动儿童人口省份或以全国性代表样本来进行分析,以了解本书研究结果的正确性。虽然小学五年级生、六年级生/预初生、初中生和高中生皆为青春期阶段的学生,但本书结果并无法概推到小学五年级生、六年级生/预初生和高中生,因为先前研究已指出随着时间的增加,流动儿童各方面适应能力会增加,年龄越小,适应环境能力越好[80, 83]。本书研究所发现流动儿童与乡村儿童在问题行为上的差异,可能在小学阶段较不明显,在高中阶段则可能更为明显,此一议题仍值得后续研究进一步探讨。

二是学生版问卷信度值偏低,吸烟行为和喝酒行为前后测量的时间范围不同,诠释时须留意。本书研究使用学生版SDQ作为学生外化问题行为的补充资料,但信度值较低,表示测量量表不稳定,被试或许无法辨认出项目与概念间的一致性,对于相关研究结果的诠释须谨慎。同样的,吸烟行为和喝酒行为量表缺乏信度值,且前测所测量的吸烟行为和喝酒行为限定在一个月内,后测缩减至一周内,由于时间范围的不一致,无法分析吸烟行为和喝酒行为的变化。未来研究建议使用家长报告的SDQ,不仅可提升信度值,也可比较流动儿童与乡村儿童群体间在SDQ量表和CBCL量表上的差异。在测量吸烟行为和喝酒行为上,后续研究在前后测上的测量应采用相同的时间范围,方能比较吸烟行为和喝酒行为的变化。

三是同伴社会资本测量内容不够精确,无法区分被试是与品行良好朋友相互支持还是与偏差行为朋友相互支持。同前所述,本书研究中的同伴社会资本作用较为有限,或许是因为量表中无法区分所结交朋友是否为偏差朋友。若被试的偏差行为朋友较多,认为来自偏差同伴的支持较多,自然会减弱同伴社会资本的正向影响力,因为Haynie、South的研究已发现偏差同伴网络会增加青少年暴力攻击行为[105],综述文献也指出同伴社会资本对于问题行为的作用不一致。因此,同伴社会资本应测量来自品行良好朋友间的支持也应测量来自偏差同伴的支持,前者测量代表正向同伴依附关系通过信息传达和呼应期待方式来规范青少年的行为，是社会资本的论点；后者测量代表青少年通过模仿和学习，内化偏差群体价值观，为社会学习论的论点。区分二者内容可了解社会资本论和社会学习论对问题行为的相对解释力。

四是分析群体间在问题行为上仍有差异无法被解释，建议后续研究应增加其他社会资本的解释变量。在最后的分析模型中，和双亲同住流动儿童的外化问题行为发生率显著高于乡村儿童。相反，在学生报告的吸烟行为和喝酒行为上，乡村儿童吸烟行为和喝酒行为则显著多于流动儿童，这些群体间的差异皆无法被三类社会资本所解释。在本书研究中，三类社会资本的测量直接由社会关系出发，或许增加一些社会资本的测量指标，如家长监管、师生联系、家长认识孩子朋友的家长等，可较完整说明群体间问题行为的差异。此外，虽然本书研究是差异研究，解释流动儿童与乡村儿童群体间差异是研究重心，整体模型解释力并非研究重点，但未来研究仍可以加入一些与外化问题行为相关的变量，以提高整体模型的解释力。

五是研究观察的时间范围有限。社会资本对问题行为的影响力仅观察半年，无法得知流动儿童与乡村儿童群体间在问题行为一年后及以上的发展，也无法了解社会资本一年后及以上的作用。本书研究仅搜集两个时间点的资料，未来研究应搜集三个时间点的资料，并将观察时间延长，以分析迁徙—社会资本变化—外化问题行为变化间的关联，以更严谨的科学方法来确认变量间的因果关联。

七、本书研究总结

有别于过去对于流动儿童的研究，本书研究将焦点从教育和公共卫生医疗议题上转移至行为议题上，通过社会资本的视角，以科学化研究方法观察流动儿童与乡村儿童在问题行为上的差异与解释差异的因素。与乡村儿童相较，流动儿童受到迁徙影响，会以攻击行为和越轨行为应对迁徙所带来的压力，而非借由抽烟行为或喝酒行为来减轻这些压力。在流动儿童群体中，和父亲同住流动儿童的外化问题行为较多，是最需关怀的群体，人口分布比例最少，仅占3%，也就是每班约有1人。教育相关部门和班主任应了解流动儿童家长在城市中忙于工作，以及在传统文化中父亲较少承担关心子女、照顾子女角色的现象，使得此类流动儿童群体在遭遇压力下，难以将问题反映给父亲并获得关心和支持，因而增加了外化问题行为的可能。本书研究无论是横断面还是前瞻性研究结果都支持，和父亲同住流动儿童与乡村儿童在攻击和越轨等外化问题行为上的差异，皆可由家庭社会资本加以解释。换言之，和父亲同住流动儿童有较少家庭社会资本，家庭成员间彼此支持较少，故有较多外化问题行为，家庭社会资本是解释群体间外化行为的重要变量。虽然和父亲同住流动儿童的学校社会资本和同伴社会资本皆显著少于乡村儿童，但群体间外化问题行为的差异并不是由学校社会资本和同伴社会资本所引起的。

另一个需要关怀的流动儿童群体是和双亲同住流动儿童群体，在较长时间观察下，此群体的外化问题行为发生率显著高于乡村儿童，表示和双亲同住流动儿童的行为适应较为不佳，人数约占流动儿童整体的85%；和母亲同住流动儿童行为发展与乡村儿童相似，两群体间外化问题行为差异不显著。这些研究结果一方面说明迁徙对外化问题行为所带来的负面影响，多数流动儿童有较多外化问题行为；另一方面也说明了居住安排对行为发展也有部分影响，只和母亲同住的居住安排类型，较少产生问题行为，反映出性别角色分工下母亲担任子女照顾者的影响力。

在问题行为分布上，本书研究呈现复杂图像，流动儿童在外化问题行为上是值得关注的群体，但在另一些行为问题上，乡村儿童反而是需介入的群体。在吸烟行为和喝酒行为上，流动儿童显著少于乡村儿童，这可能因农村地区家长监管较少和儿童健康知识不足所致，要减少青少年吸烟行为和喝酒行为，需要家庭、学校、社区的密切合作，可运用个案、小组和社区的社会工作方法举办活动传递吸烟、饮酒有害青少年身心健康的信息，也通过活动让家长知悉此健康危害行为会减缓青少年认知发展的能力。在三位一体的配合下，不仅能缩小群体间吸烟行为、喝酒行为上的差异，也能整体降低初中生的这些健康危害行为。

不同类型社会资本对各类问题行为的作用不同，家庭社会资本的预测作用最为广泛，且多具有延时性影响力。学校社会资本和同伴社会资本只能预测一种问题行为，这深化了对社会资本作用的了解，也凸显在华人社会中家庭关系的重要角色，即使在初中阶段，家庭仍具重要影响力。在本书研究中，除了半年后喝酒行为外，家庭社会资本能预测各类型问题行为，如攻击行为、越轨行为、品行问题、多动行为、吸烟行为等。因此，提升家庭成员间的关系、提高家庭社会资本至为重要。本书研究建议可通过中学的家长会举办亲子教育活动,结合本书研究中提出的促进家庭关系和谐的方法,使家长获得教育子女的知识和技能,以解决家庭关系中的矛盾和冲突;若经费充足,可利用假日举办亲子教育讲座,吸引更多平时没空的家长参与。

学校社会资本能预测吸烟行为,学校班主任及其他教师应了解师生关系的重要性。在良好师生关系下,学生会为了不违反教师期待,内化禁烟相关规范而较少吸烟,毕竟吸烟行为相较其他问题行为,较易被发现。本书研究提出关系修复和优势观点的实施方式,可作为提升师生关系的参考依据。同伴社会资本可预测品行问题,当青少年感知有较多同伴支持时,可纾解一些易怒情绪,也可得到解决问题的方法,因而减少品行问题的发生。本书研究提出两种使青少年感受到同伴支持的方法,以提升同伴间关系,增加同伴社会资本,可作为实操上的参考依据。

总而言之,在实务上,本书研究结果提供给政策制定者精确且科学的依据,依据不同类型的问题行为,问题行为改善政策的介入对象应随之不同,研究结果避免了因错误识别而造成介入的事倍功半。在外化问题行为上,应聚焦在和父亲同住流动儿童、和双亲同住流动儿童群体上,和母亲同住流动儿童群体无须太多支持介入;在吸烟行为和喝酒行为上,介入对象应针对乡村儿童而非流动儿童。在缩减群体间外化问题行为差异的方法上,政府应了解外化问题行为是肇因于家庭、展现在学校,应将部分教育资源用以举办亲子教育活动,内容应有针对性——先教导流动儿童家长如何减少亲子冲突,增进家庭凝聚力,再扩展至所有中学生家长,这不仅有利于青少年外化问题行为的改善,也有助于减少未来的青少年犯罪率,提高学生未来的学业成绩。在减少吸烟行为上,一线教师应了解自身角色的重要性,有时吸烟并非抒发压力的反映而是需求未满足的反映,学生可能借由吸烟来引起重要他人的注意,多关怀学生、营造良好的班级气氛、促进良好的师生关系发展,学生的吸烟行为将随之减少。在中学生品行问题上,班主任可利用同伴关系的影响力,设计分组活动,让品行良好的学生与品行欠佳的学生增加互动机会、增加彼此间的支持。通过好同伴的支持及不想失去好朋友的压力,加上班主任的积极引导,应可转化品行欠佳学生的行为,达到见贤思齐的效果。

  在理论上,本书研究确认了社会资本观点在流动儿童与乡村儿童群体间于外化问题行为上的解释力,虽然仅反映在特定群体上,研究结果支持迁徙—家庭社会资本—外化问题行为间的关联机制。本书研究结果说明了流动儿童群体内部的异质性,与留守儿童研究相同,不同类型流动儿童的外化问题行为表现也不一样。和父亲同住流动儿童适应环境较为不佳,为最需要关心的群体。本书实证研究提出了群体间问题行为的差异,发现了解释群体间行为差异的部分因素,辨别出家庭社会资本的角色,但也留下一些问题待后续研究来探讨,即当群体间在某些问题行为上的差异无法由社会资本解释时,应该从哪些观点来进行补充说明。差异研究是目前较少探讨的研究议题,相较于国外诸多的差异研究,此议题在我国仍处萌芽阶段,值得继续研究和思考。后续的行为差异研究不仅可检验其他群体间的行为差异,如乡村留守儿童与乡村儿童、城市留守儿童与城市儿童、乡村儿童与城市儿童等,也可应用相关理论来检验流动儿童与乡村儿童群体间在其他问题行为发展上的差异，如网络成瘾、校园霸凌、网络欺凌等，其研究结果可促进相关理论和实务的发展，并可将研究结果作为更精确的施政建议提供给政府相关部门。

参考文献

[1] Antia K, Boucsein J, Deckert A, et al. Effects of International Labour Migration on the Mental Health and Well-Being of Left-Behind Children: A Systematic Literature Review[J]. International journal of environmental research and public health, 2020, 17(12). https://doi.org/10.3390/ijerph17124335.

[2] Lu Y. Mental health and risk behaviours of rural—urban migrants: Longitudinal evidence from Indonesia[J]. Population Studies, 2010, 64(2): 147-163.

[3] 国家卫生健康委员会.中国流动人口发展报告2018[M].北京: 中国人口出版社, 2019.

[4] Hu H, Gao J, Jiang H, et al. A comparative study of behavior problems among left-behind children, migrant children and local children[J]. International Journal of Environmental Research and Public Health, 2018, 15(4). https://doi.org/10.3390/ijerph15040655.

[5] 熊猛,叶一舵.中国城市农民工子女心理健康研究述评[J].心理科学进展, 2011, 19(12): 1798-1813.

[6] Liu J. Childhood externalizing behavior: Theory and implications[J]. Journal of Child and Adolescent Psychiatric Nursing, 2004, 17(3): 93-103.

[7] 秦红宇,魏佳羽,杨东平.中国流动儿童教育发展报告(2016)[M].北京:社会科学文献出版社,2017.

[8] Wu Q, Palinkas L A, He X. Social capital in promoting the psychosocial adjustment of Chinese migrant children: Interaction across contexts[J]. Journal of Community Psychology. 2011, 39 (4): 421-442.

[9] 胡之骐,张希希.进城农民工子女城市学校教育适应性问题研究——基于对西南地区进城农民工子女的跟踪调查[J]。中国教育学刊,2014(8):1-7.

[10] 周皓.流动儿童心理状况的对比研究[J].人口与经济,2008(6):7-14.

[11] 邓林园,李蓓蕾,靳佩佩,等.父母陪伴与儿童自我价值感的关系:城市与流动儿童的对比研究[J].教育学报,2017,13(5):71-78.

[12] Lau M, Chen X, Ren Y. Increased risk of cigarette smoking among immigrant children and girls in Hong Kong: An emerging public health issue [J]. Journal of Community Health, 2012, 37 (1): 144-152.

[13] Zhang Q, Luo Y, Chen H, et al. Migrate with parent(s) or not? Developmental outcomes between migrant and left-behind children from rural China [J]. Child Indicators Research, 2019, 12: 1147-1166.

[14] Lu Y, Yeung J W, Liu J, et al. Migration and children's psychosocial development in China: When and why migration matters[J]. Social Science Research, 2019, 77: 130-147.

[15] 彭华民,刘玉兰.抗逆力:一项低收入社区流动儿童的实证研究[J].广东青年职业学院学报,2012(4):63-71.

[16] 黄聚云,晏妮.家庭因素与农民工随迁子女学生问题行为的关系[J].

中国学校卫生,2016,37(7):1025-1028。

[17] Pettitt B, McLanahan S. Residential mobility and children's social capital: Evidence from an experiment[J]. Social Science Quarterly, 2003, 84(3): 632-649.

[18] Wu J, Su L. Social support networks and adaptive behaviour choice: A social adaptation model for migrant children in China based on grounded theory[J]. Children and Youth Services Review, 2020, 113. https://doi.org/10.1016/j.childyouth.2020.104940.

[19] Yang T, Li C, Zhou C, et al. Parental migration and smoking behavior of left-behind children: evidence from a survey in rural Anhui, China[J]. International Journal for Equity in Health, 2016, 15. https://doi.org/10.1186/s12939-016-0416-7.

[20] Mason W A, Hitch J E, Kosterman R, et al. Growth in adolescent delinquency and alcohol use in relation to young adult crime, alcohol use disorders, and risky sex: a comparison of youth from low- versus middle-income backgrounds[J]. Journal of Child Psychology and Psychiatry, 2010, 51(12): 1377-1385.

[21] Murray J, Menezes A M B, Hickman M, et al. Childhood behaviour problems predict crime and violence in late adolescence: Brazilian and British birth cohort studies[J]. Social Psychiatry and Psychiatric Epidemiology, 2015, 50(4): 579-789.

[22] Mohr-Jensen C, Steinhausen H C. A meta-analysis and systematic review of the risks associated with childhood attention-deficit hyperactivity disorder on long-term outcome of arrests, convictions, and incarcerations[J]. Clinical Psychology Review, 2016, 48: 32-42.

[23] 徐伟.我国青少年犯罪的统计分析及其预防对策——基于1997～2013年的统计数据[J].青年探索,2015(6):89-64.

[24] Breslau N, Breslau J, Miller E, et al. Behavior problems at ages 6 and 11 and high school academic achievement: Longitudinal latent variable modeling[J]. Psychiatry Research, 2010, 185(3): 433-437.

[25] McLeod J D, Uemura R, Rohrman S. Adolescent mental health, behavior problems, and academic achievement[J]. Journal of Health and Social Behavior, 2012, 53(4): 482-497.

[26] Zimmermann F, Schütte K, Taskinen P, et al. Reciprocal effects between adolescent externalizing problems and measures of achievement. Journal of Educational Psychology[J], 2013, 105(3): 747-761.

[27] 肖贤武,吴述仁.计划免疫中流动儿童现状与管理[J].中国妇幼保健,1993(1):24-25。

[28] 郦国兴.摸清底子使计划免疫工作有的放矢[J].中华预防医学杂志,1995(3):187.

[29] 楚金贵,于竞进,刁连东,等.九十年代我国计划免疫工作面临的问题及对策探讨[J].中国计划免疫,1995(1):7-9.

[30] 张亚娟,阎锋,于淑珍.流动儿童计划免疫的调查分析与对策[J].中国妇幼保健,1996(5):61.

[31] 徐曼玲,周祖莲,王培珍,等.作好流动儿童计划免疫管理工作的探讨[J].中国学校卫生,1997(4):300.

[32] 李敬良,罗加武,杨湛基,等.珠海市香洲区流动儿童计划免疫状况分析[J].中国公共卫生,1999(10):42.

[33] 肖贤武.外来流动人口儿童保健现状调查[J].中国妇幼保健,1999(12):761-762.

[34] 北京市外来人口普查办公室.1997北京外来人口普查资料[M].北京:中国商业出版社,1998.

[35] 韩嘉玲.北京市流动儿童义务教育状况调查报告[J].青年研究,2001(8):1-7.

[36] 韩嘉玲.北京市流动儿童义务教育状况调查报告(续)[J].青年研究，2001(9)：10-18.

[37] 段成荣,梁宏.关于流动儿童义务教育问题的调查研究[J].人口与经济，2005(1)：11-17.

[38] 李永道,林琳.影响城市流动儿童教育的制度因素及对策探讨[J].教育探索，2005(9)：43-45.

[39] 何金莲.农村教育资源流失问题与对策[J].农业考古，2006(6)：404-406.

[40] 全国妇联课题组.全国农村留守儿童城乡流动儿童状况研究报告[J].中国妇运，2013(6)：30-34.

[41] 吴国均.温州市区流动儿童计划免疫管理初探[J].中国公共卫生管理杂志，1991(1)：39-40.

[42] 邝宏达,徐礼平.流动儿童、留守儿童和随迁儿童的界定及其关系[J].青少年研究与实践，2017(2)：28-33.

[43] 周皓.流动儿童发展的跟踪研究[M].北京：北京大学出版社，2014.

[44] 赵树凯.边缘化的基础教育——北京外来人口子弟学校的初步调查[J].管理世界，2000(5)：70-78.

[45] 慈勤英,李芬.流动人口适龄子女教育弱势地位研究[J].当代青年研究，2002(3)：16-20.

[46] 高志敏.我国当前农村基础教育资源现状分析[J].中学政治教学参考，2012(9)：4-7.

[47] 翁启文,周国华.过渡阶段流动儿童教育的政策目标、体系设计与制度保障[J].国家行政学院学报，2012(1)：86-90.

[48] 张翼,风笑天.社会不可忽视的一个新群体——论流动儿童所面临的畸形社会化[J].当代青年研究，2003(1)：44-48.

[49] 周皓,章宁.流动儿童与社会的整合[J].中国人口科学，2003(4)：73-77.

[50] 熊少严.城市流动儿童的社会整合与学校教育的指导策略[J].广东社会科学,2006(1):165-169.

[51] 北京市流动儿童就学及心态状况调查课题组.北京市流动儿童学校师生心态状况调查研究[J].新视野,2006(3):62-64.

[52] 陈丽丽.流动人口子女融入城市教育环境的思考[J].中南民族大学学报(人文社会科学版),2007(S1):50-52.

[53] 叶庆娜.义务教育阶段留守儿童与流动儿童差异分析[J].江西教育科研,2007(7):88-90.

[54] 唐有财.流动儿童的城市融入——基于北京、广州、成都三城市的调查[J].青年研究,2009(1):30-38.

[55] 曾守锤.流动儿童的幸福感研究[J].中国青年研究,2008(9):37-41.

[56] 刘霞,申继亮.流动儿童的歧视归因倾向及其对情感的影响[J].中国心理卫生杂志,2009,23(8):599-602.

[57] 范兴华,陈锋菊.流动儿童歧视知觉与抑郁:应对方式与社会支持的调节[J].中国临床心理学杂志,2012,20(4):539-542.

[58] 彭阳,谭千保,申雯.流动儿童家庭关怀与自立人格的关系及其性别的调节作用[J].中国临床心理学杂志,2014(6):1077-1081.

[59] 刘济榕,王泉泉.日常压力对流动儿童诚信感的影响:社会支持与逆境信念的调节作用[J].心理发展与教育,2018,34(5):548-557.

[60] 刘青云,王艺静,刘正奎.不同安置形式下流动儿童社会支持、自尊与焦虑的关系比较研究[J].中国特殊教育,2020(5):61-68.

[61] 周晓春,侯欣,王渭巍.生态系统视角下的流动儿童抗逆力提升研究[J].中国青年社会科学,2020,39(2):97-105.

[62] 田瑾,毛亚庆.流动儿童社会情感能力发展的家庭系统特征研究[J].内蒙古师范大学学报(教育科学版),2021,34(1):44-50.

[63] 李晓巍,邹泓,金灿灿,等.流动儿童的问题行为与人格、家庭功能的关系[J].心理发展与教育,2008(2):54-59.

[64] 张伟源,覃玉宇,吴俊端,等.南宁市536名流动儿童行为问题分析[J].中国学校卫生,2010,31(1):60-61.

[65] 王中会,石雪玉.流动儿童问题行为与学校适应的关系研究[J].中国特殊教育,2015(6):86-91.

[66] 李燕芳,刘丽君,吕莹,等.人际关系状况与学龄前流动儿童的问题行为[J].心理学报,2015,47(7):914-927.

[67] 张春妹,丁一鸣,陈雪,等.同伴接纳与流动儿童外化问题行为的关系:自尊和物质主义的链式中介作用[J].中国特殊教育,2020(1):65-72.

[68] 陈国华.成都公立中小学中流动儿童吸烟行为及影响因素分析[J].中国学校卫生,2010,31(8):904-905.

[69] Ilse D, Eric B, Gilberte S. Emotional and behavioural problems in migrant adolescents in Belgium[J]. European Child & Adolescent Psychiatry, 2008, 17:54-62.

[70] Cui Y, Li F, Leckman JF, et al. The prevalence of behavioral and emotional problems among Chinese school children and adolescents aged 6-16: A national survey[J]. European child & adolescent psychiatry, 2021, 30(2):233-241.

[71] 谢尹安,邹泓,李小青.北京市公立学校与打工子弟学校流动儿童师生关系特点的比较研究[J].中国教育学刊,2007(6):9-12.

[72] 韩煊,吴汉荣.深圳市流动儿童心理健康状况分析[J].中国学校卫生,2010,31(1):64-65.

[73] 周建芳,邓晓梅,石燕,等.流动儿童与本地儿童学校融合比较研究——基于社会融合的理论视角[J].青年研究,2013(2):9-21.

[74] 陈媛媛,董彩婷,朱彬妍.流动儿童和本地儿童之间的同伴效应:孰轻孰重?[J].经济学(季刊),2021,21(2):511-532.

[75] 周皓.流动儿童心理状况的对比研究[J].人口与经济,2008(6):7-14.

[76] 邓小晴,师保国.流动儿童歧视知觉与自尊:社会支持与流动时间的作用[J].中国特殊教育,2013(8):48-54.

[77] 刘成斌,吴新慧.流动好? 留守好?——农民工子女教育的比较[J].中国青年研究,2007(7):5-9.

[78] 秦敏,朱晓.父母外出对农村留守儿童的影响研究[J].人口学刊,2019,41:38-51.

[79] 侯舒艨,袁晓娇,刘杨,等.社会支持和歧视知觉对流动儿童孤独感的影响:一项追踪研究[J].心理发展与教育,2011,27(4):401-411.

[80] 袁晓娇,方晓义,刘杨,等.流动儿童压力应对方式与抑郁感、社交焦虑的关系:一项追踪研究[J].心理发展与教育,2012,28(3):283-291.

[81] 张光珍,姜宁,梁宗保,等.流动儿童的歧视知觉与学校适应:一项追踪研究[J].心理发展与教育,2016,32(5):587-594.

[82] 郭海英,陈丽华,叶枝,等.流动儿童同伴侵害的特点及与内化问题的循环作用关系:一项追踪研究[J].心理学报,2017,49(3):336-348.

[83] 马诗浩,植凤英,邓霞.流动儿童社会适应与自我提升的追踪研究[J].中国特殊教育,2019(1):77-83.

[84] Arrow KJ. Observations on social capital [M] // Dasgupta P, Serageldin I. Social Capital: A Multifaceted Perspective. Washington, D.C: World Bank, 2000: 3-5.

[85] Poder T G. What is really social capital? A critical review[J]. The American Sociologist, 2011, 42(4): 341-367.

[86] 林南.社会资本理论与研究简介[J].社会科学论丛,2007,1(1):1-32.

[87] Bourdieu P. The Forms of Capital[M] //Richardson J G. Handbook of Theory and Research for the Sociology of Education. New York: Greenwood, 1986: 241-258.

[88] Coleman J S. Social capital in the creation of human capital[J]. The

American Journal of Sociology, 1988, 94: s95-s120.

[89] Putnam R D. Making democracy work: Civic traditions in modern Italy[M]. New Jersey: Princeton University Press, 1993.

[90] Dufur M J, Parcel T L, McKune B A. Capital and context: Using social capital at home and at school to predict child social adjustment [J]. Journal of Health and Social Behavior, 2008, 49(2): 146-161.

[91] Rostila M. The facets of social capital[J]. Journal for Theory of Social Behaviour, 2011, 41: 308-332.

[92] Portes A. Social capital: Its origins and applications in modern sociology[J]. Annual Review of Sociology, 1998, 24:1-24.

[93] Huang K P, Wang Y. How guanxi relates to social capital? A psychological perspective[J]. Journal of Social Sciences, 2011, 7(2): 120-126.

[94] Nash S G, Mcqueen A, Bray J H. Pathways to adolescent alcohol use : Family environment, peer influence, and parental expectations[J]. Journal of adolescent health, 2005, 37(1): 19-28.

[95] 陈曦.社会资本与农村留守儿童偏差行为研究[J].浙江社会科学，2012(5):86-93.

[96] McPherson KE, Kerr S, Morgan A, et al. The association between family and community social capital and health risk behaviours in young people: An integrative review[J]. BMC Public Health, 2013, 13. https://doi.org/10.1186/1471-2458-13-971.

[97] Jiang G, Sun F, Marsiglia F F. Rural-Urban Disparities in adolescent risky behaviors: A family capital perspective [J]. Journal of Community Psychology, 2016, 44(8): 1027-1039.

[98] Magson N R, Craven R G, Munns G, et al. It is risky business: can social capital reduce risk-taking behaviours among disadvantaged

youth? [J]. Journal of youth studies, 2016, 19(5): 569-592.

[99] Lo Y, Chen W T, Wang I A, et al. Family and school social capitals in late childhood predict youthful drinking behaviors and problems[J]. Drug and Alcohol Dependence, 2019, 204. https://doi.org/10.1016/j.drugalcdep.2019.05.014.

[100] Strohschein L, Matthew A. Adolescent problem behavior in Toronto, Canada: Associations with family, school, and neighborhood social capital[J]. Sociological Inquiry, 2015,85(1):129-147.

[101] Hillekens J, Buist K L, Horvath L O, et al. Parent-early adolescent relationship quality and problem behavior in Hungary, the Netherlands, India. Scandinavian[J]. Journal of Psychology, 2020, 61: 763-774.

[102] Lucia V C, Breslau N. Family cohesion and children's behavior problems: A longitudinal investigation [J]. Psychiatry Research, 2006, 141: 141-149.

[103] Smokowski P R, Guo S, Cotter K L, et al. Multi-level risk factors and developmental assets associated with aggressive behavior in disadvantaged adolescents[J]. Aggressive Behavior, 2016, 42(3): 222-238.

[104] 张春妹,武敬,朱文闻.学校人际关系与流动儿童的自尊:心理弹性的中介作用[J].中国社会心理学评论,2019(1): 38-55.

[105] Haynie D, South S J. Residential Mobility and Adolescent Violence [J]. Social Forces, 2005 ,84(1):361-374.

[106] Flink I J, Jansen P W, Beirens T M, et al. Differences in problem behaviour among ethnic minority and majority preschoolers in the Netherlands and the role of family functioning and parenting factors as mediators: the Generation R Study[J]. BMC Public Health. 2012,

12. https://doi.org/10.1186/1471-2458-12-1092.

[107] Lu J, Wang F, Chai P, et al. Mental health status, and suicidal thoughts and behaviors of migrant children in eastern coastal China in comparison to urban children: a cross-sectional survey[J]. Child and Adolescent Psychiatry and Mental Health, 2018, 12. https://doi.org/10.1186/s13034-018-0219-2.

[108] Shen Y, Zhong H. Rural-to-urban migration and juvenile delinquency in urban China: A social control perspective [J]. Asian Journal of Criminology, 2018, 13:207-229.

[109] Cui K, To S M. Migrant status, social support, and bullying perpetration of children in Chinese mainland[J]. Children and Youth Services Review, 2019, 107. https://doi.org/10.1016/j.childyouth.2019.104534.

[110] Allison P D. Missing data[M] // Millsap R E, Maydeu-Olivares A. The SAGE handbook of quantitative methods in psychology. London: Sage, 2009: 72-89.

[111] Lee S, Lee D K. What is the proper way to apply the multiple comparison test? [J]. Korean Journal of Anesthesiology, 2018, 71(5): 353-360.

[112] Karlson K B, Holm A, Breen R. Comparing regression coefficients between same-sample nested models using logit and probit: A new method [J]. Sociological Methodology, 2012, 42: 286-313.

[113] Olson D H. Circumplex model Ⅷ: Validation studies and FACES Ⅲ [J]. Family Process, 1986, 25(3): 337-351.

[114] Adams R, Wu M. PISA 2000 technical report Paris: Organisation for Economic Co- operation and Development (OECD) [M]. Paris: OECD, 2002.

[115] Paiva P C P, Paiva H N, Oliveira Filho PM, et al. Development and validation of a social capital questionnaire for adolescent students (SCQ-AS)[J]. PLOS ONE, 2014, 9(8). https://doi.org/10.1371/journal.pone.0103785.

[116] Achenbach T M. Manual for The Child Behavior Checklist/4-18 and 1991 profile[M]. Burlington: University of Vermont, 1991.

[117] He J P, Burstein M, Schmitz A, et al. The strengths and difficulties questionnaire(SDQ): the factor structure and scale validation in U.S. adolescents 2013[J]. Journal of Abnormal Child Psychology, 2013, 41: 583-595.

[118] Taype-Rondan A, Bernabe-Ortiz A, Alvarado GF, et al. Smoking and heavy drinking patterns in rural, urban and rural-to-urban migrants: the PERU MIGRANT Study[J]. BMC Public Health, 2017,17. https://doi.org/10.1186/s12889-017-4080-7.

[119] Wen M, Lin D. Child development in rural China: children left behind by their migrant parents and children of nonmigrant families [J]. Child Development, 2012, 83(1):120-136.

[120] 刘琴,周世杰,杨红君,等.青少年依恋状况及其与父母教养方式的关系[J].中国临床心理学杂志,2009,17(5):615-619.

[121] 张妍,任慧莹.父母教养方式与大学生心理健康关系元分析[J].中国学校卫生,2012,33(4):423-426.

[122] Aseltine R H, Gore S, Gordon O R J. Life stress, anger and anxiety, and delinquency: An empirical test of general strain theory [J]. Journal of Health and Social Behavior, 2000, 41(3): 256-275.

[123] Kapadia S. Adolescence: A Sociocultural Construction[M] // Kapadia S. Adolescence in urban India: Cultural construction in a society in transition. New Delhi: Springer,2017:39-66.

［124］Vugteveen J, Bildt A, Theunissen M, et al. Validity aspects of the strengths and difficulties questionnaire(SDQ) adolescent self-report and parent-report versions among Dutch adolescents[J]. Assessment, 2021, 28(2):601-616.

［125］田菲菲,田录梅.亲子关系、朋友关系影响问题行为的3种模型[J].心理科学进展,2014,22(6):968-976.

［126］Witvliet M, van Lier P A C, Cuijpers P, et al. Testing links between childhood positive peer relations and externalizing outcomes through a randomized controlled intervention study[J]. Journal of Consulting and Clinical Psychology, 2009, 77(5), 905-915.

［127］卢林,张晓莉,馀新华,等.注意缺陷多动障碍相关因素调查[J].临床精神医学杂志,2005, 6:358-359.

［128］刘君,苏程,龚梅恩.注意缺陷多动障碍儿童的综合干预研究[J].中国妇幼健康研究,2009,20(1):93-95.

［129］Wustner A, Otto C, Schlack R, et al. Risk and protective factors for the development of ADHD symptoms in children and adolescents: Results of the longitudinal BELLA study[J]. PLOS ONE, 2019, 14(3). https://doi.org/10.1371/journal.pone.0214412.

［130］季成叶,陈天娇,宋逸,等.中国城市大中学生吸烟现状分析[J].中国学校卫生, 2009, 30(2):109-111.

［131］张新卫,张雪海,苏丹婷,等.浙江省杭州市初中学生吸烟、饮酒及自杀相关行为的调查分析[J].中国健康教育,2011, 27(6):434-437.

［132］沈新坤.农村社区青少年越轨行为的预防与控制模式探析[J].安徽农业科学,2011,39(36):22783-22786.

［133］杨科.精准扶贫视域下河南农村贫困地区青少年健康有关危险行为状况调查及影响因素分析[J].中国健康教育,2018,34(10):929-932.

[134] 钟娅,杨汴生,何健,等.河南省城市初中学生吸烟饮酒及易成瘾药物使用情况[J].中国学校卫生,2007,28(8):748-750.

[135] 姜醒,陈慧,曾红.家庭因素对珠三角地区中学生吸烟饮酒行为的影响[J].中国学校卫生,2015,36(4):508-511.

[136] 童敏.社会工作理论[M].北京:社会科学文献出版社,2019.

[137] 李文权,李辉,刘春燕.系统式团体心理辅导改善儿童同伴关系的研究[J].心理发展与教育,2003,19(1):76-79.

[138] Duong MT, Pullmann MD, Buntain-Ricklefs J, et al. Brief Teacher Training Improves Student Behavior and Student-Teacher Relationships in Middle School[J]. School Psychology, 2019, 34(2): 212-221.

[139] 方晓义,林丹华.青少年吸烟行为的预防与干预[J].心理学报,2003,35(3):379-386.

[140] 曹付群.健康教育对学生饮酒行为的干预作用[J].中国公共卫生,2000,16(4):325-325。

[141] Bo A, Hai AH, Jaccard J. Parent-based interventions on adolescent alcohol use outcomes: A systematic review and meta-analysis [J]. Drug and Alcohol Dependence, 2018, 191: 98-109.

[142] Jansen SC, Haveman-Nies A, Groeniger IBO, et al. Effectiveness of a Dutch community-based alcohol intervention: Changes in alcohol use of adolescents after 1 and 5 years [J]. Drug and Alcohol Dependence, 2016, 159: 125-132.

附录 1

福建省社会科学规划项目调研前专家咨询结论[*]

调研者为收集相关信息,安排问卷填写事宜,与学校班主任沟通,预计将花费半天时间。

本校七年级有( )个班、八年级有( )个班、九年级有( )个班,非户籍地儿童(流动儿童)占全校初中学生比例约百分之( )。本校每周( )的( )点到( )点,为较适合学生填写问卷时段,可于此时进行问卷填写,下次问卷填写,提前一个月知会较为合适,本校也将排定较适合初中生调研的时段。

由于本校家长多忙于工作,为提高调查家长版问卷回复率,将请班主任协助问卷搜集事宜,以九成以上问卷回收率为目标,待家长版问卷收集后,将通过邮寄或其他方式至闽江学院法学院,以利后续调研事宜。

---

[*] 在此感谢所有参与此次调研的学校领导、老师、学生及学生家长们。

附录 2

第一次学生调研问卷

你好！首先恳请并感谢你在百忙之中拨冗填答本问卷！这是一份关于学生社会资本和行为发展的研究问卷，旨在了解初中生社会资本和行为发展间关联，本研究是纵向研究，将进行两次资料的搜集，此次为第一次资料搜集，第二次资料搜集预计于半年后。希望通过此研究能获得你的宝贵意见，以期对福建省青少年各项行为发展的因素有更进一步的了解。本问卷作答之所有资料，**仅供学术研究用，绝不泄露你的个人资料**，敬请安心填答。你的鼎力协助将是使本课题研究得以顺利完成之关键，故恳请诚实填写，**请勿漏答**，也请你提醒父母亲完整填写家长问卷，并于一周内将家长问卷交予班主任，便于资料之整理分析。由衷期盼与感谢你的支持与合作，谢谢！

同意调查参与请于此签名：＿＿＿＿＿＿＿＿＿＿

（烦请续填下面问卷）

填表人基本资料：**请填写资料或在其中一个□内打 V**

一、就读班级：_____ 问卷号：_____

二、性别：□女(1) □男(2)

三、年龄：□12 岁(1) □13 岁(2) □14 岁(3) □15 岁(4)
　　　　　□16 岁(5)

四、你的户籍地与居住地一样吗？□是的(1) □不是(2)

五、写出户籍地：_____

六、居住地属于：□城镇(1) □乡村(2)

七、双亲健全状态：□双亲健全(1) □父亲已逝(2)
　　　　　　　　　□母亲已逝(3)

八、双亲目前婚姻状态：□双亲处于婚姻状态(1)
　　　　　　　　　　　□双亲离婚(2)

九、目前居住状态：□和双亲同住(1) □和父亲同住(2)
　　　　　　　　　□和母亲同住(3)

十、父亲受教育程度：□小学(1) □初中(2) □高中(3)
　　　　　　　　　　□大学及以上(4)

十一、母亲受教育程度：□小学(1) □初中(2) □高中(3)
　　　　　　　　　　　□大学及以上(4)

十二、自己目前的健康状态如何：□很好(1) □好(2)
　　　　　　　　　　　　　　　□普通(3) □不好(4)
　　　　　　　　　　　　　　　□很不好(5)

| | 非常同意 | 同意 | 不同意 | 非常不同意 |

下列是关于家人、老师、同学相处的情形,是否符合你的情况?
[说明]根据题意,请圈出最符合你的答案。

第一部分:社会资本量表

家庭面

1. 当我需要帮忙或忠告时,我可以依赖我的家人 ………………………………………………… 4 3 2 1
2. 家人会接纳彼此的朋友 …………………… 4 3 2 1
3. 我们喜欢一家人共同做某些事 …………… 4 3 2 1
4. 家人彼此间的关系比和外人的关系来得密切 ………………………………………………… 4 3 2 1
5. 家人喜欢共度休闲时光 …………………… 4 3 2 1
6. 家人彼此间觉得很亲近 …………………… 4 3 2 1
7. 当有家庭活动时,我们家每个人都会参加 …… 4 3 2 1
8. 我们容易想到家人可一起做的事情 ……… 4 3 2 1
9. 做决定时,家人会彼此商量 ……………… 4 3 2 1
10. 家人聚在一起非常重要 ………………… 4 3 2 1

学校面

1. 我与学校老师相处良好 …………………… 4 3 2 1
2. 学校老师关心我 …………………………… 4 3 2 1
3. 当我遇到问题时,我会寻求学校老师的帮助 … 4 3 2 1

4. 我的父母亲与学校老师相处良好 ………… 4 3 2 1
5. 学校里的学生团结一致 ………… 4 3 2 1
6. 我觉得我属于学校,仿佛学校就是我的 ……… 4 3 2 1
7. 我觉得在学校很安全 ………… 4 3 2 1

同学面

1. 和学校里的同学玩得很开心 ………… 4 3 2 1
2. 我相信学校里的朋友 ………… 4 3 2 1
3. 我可以寻求学校里朋友的帮忙 ………… 4 3 2 1

经常	有时	很少	没有

请回想**过去一年内**,你有没有遭遇下列的事情?
[说明]根据题意,请**圈出**最符合你的答案。

第二部分:青少年生活事件量表

1. 被人误会 ………… 4 3 2 1
2. 受人歧视 ………… 4 3 2 1
3. 和好友有争执 ………… 4 3 2 1
4. 当众丢面子 ………… 4 3 2 1
5. 有升学压力 ………… 4 3 2 1
6. 考试失败 ………… 4 3 2 1
7. 学习负担重 ………… 4 3 2 1
8. 评选落空 ………… 4 3 2 1
9. 同学取笑或威胁 ………… 4 3 2 1
10. 与家庭成员有矛盾 ………… 4 3 2 1

11. 未完成重要作业 ················ 4 3 2 1

12. 有需要时未得到家庭成员帮助 ······ 4 3 2 1

13. 遭父母打骂 ···················· 4 3 2 1

14. 与手足争吵 ···················· 4 3 2 1

15. 本人急重病 ···················· 4 3 2 1

16. 亲人急重病 ···················· 4 3 2 1

17. 亲人死亡 ······················ 4 3 2 1

18. 好友急重病 ···················· 4 3 2 1

19. 违反学校规范 ·················· 4 3 2 1

20. 好友死亡 ······················ 4 3 2 1

经 有 很 没
常 时 少 有

请回想一个月内,你有没有做过下列的事情?

[说明]根据题意,请**圈出**最符合你的答案。

第三部分:物质使用量表

1. 抽烟 ························· 4 3 2 1

2. 喝酒 ························· 4 3 2 1

3. 使用不明药物 ················· 4 3 2 1

4. 若回答吸烟者,请问一天平均抽几根?＿＿＿＿＿根
（上述**未填答吸烟者**,此题不写）

5. 若回答喝酒者,请问一月喝酒频率?
　□1 次 □2～3 次 □4 次以上(上述**未填答喝酒者**,此题不写)

作答到此为止,请记得提醒家长填写家长版问卷,谢谢!

附录 3

第一次家长调研问卷

您好!首先恳请并感谢您在百忙之中拨冗填答本问卷!这是一份关于学生行为的研究问卷,旨在了解贵子女的行为发展,本研究是纵向研究,将进行两次资料的搜集,此次为第一次资料搜集,第二次资料搜集预计于半年后。希望通过此研究能获得您的宝贵意见,以期对福建省青少年各项行为发展有更进一步的了解。本问卷作答之所有资料,**仅供学术研究用,绝不泄露您的个人资料**,敬请安心填答。您的鼎力协助将是使本课题研究得以顺利完成之关键,故恳请诚实填写,**请勿漏答**,也请填写家长问卷后,将问卷放于信封袋中,于一周内将家长问卷请子女交予班主任,以便资料的整理分析。由衷期盼与感谢您的支持与合作,谢谢!

同意调查参与请于此签名:_____

(烦请续填下面问卷)

填表人基本资料：**请填写资料或在其中一个□内打 V**

一、子女就读班级：_____

二、子女姓名：_____

三、填表人身份：□母亲(1) □父亲(2) □祖父母(3)

四、实际年龄：_____周岁

五、居住地属于：□城市(1) □城镇(2) □乡村(3)

六、目前婚姻状态：□处于婚姻状态(1) □已离婚(2)
　　　　　　　　　□已分居(3)

七、目前和配偶居住状态：□长期在家(1) □自己长时间不在(2)
　　　　　　　　　　　　□配偶长时间不在(3)

八、您的受教育程度：□小学(1) □初中(2) □高中(3)
　　　　　　　　　　□大学及以上(4)

九、配偶的受教育程度：□小学(1) □初中(2) □高中(3)
　　　　　　　　　　　□大学及以上(4)

十、家庭平均月收入：□3000 元以下(1) □3000～5000 元(2)
　　　　　　　　　　□5000～7000 元(3) □7000～9000 元(4)
　　　　　　　　　　□9000 元以上(5)

十一、您孩子有几个要好的朋友：□没有 □1 个(1)
　　　　　　　　　　　　　　　□2 至 3 个(2)
　　　　　　　　　　　　　　　□4 个及以上(3)

十二、与其他同龄儿童相比，您的这名受访孩子与其他儿童相处表现：□较差(1) □差不多(2) □较好(3)

| | 非常符合 | 有时符合 | 不符合 |

> [说明]以下是描述您孩子的项目。只根据**最近半年内**的情况回答。每一项目后面都有三个选项。根据题意,请**圈出**最符合您的答案。

青少年行为量表

举例:

我的孩子很少有喜欢的东西·················· 2 1 0

若觉得上述句子非常符合,请将 **2** 圈起来;若觉得上述句子有时符合,请将 **1** 圈起来;若觉得上述句子不符合,请将 **0** 圈起来。

下面的句子请依照自己的观察作答:

1. 我的孩子喜欢争论 ···················· 2 1 0
2. 我的孩子喜欢吹牛或自夸 ················ 2 1 0
3. 我的孩子会虐待、欺侮或鄙视他人 ··········· 2 1 0
4. 我的孩子需要别人经常注意自己 ············ 2 1 0
5. 我的孩子会破坏自己的东西 ··············· 2 1 0
6. 我的孩子会破坏家里或其他儿童的东西 ······· 2 1 0
7. 我的孩子在家不听话 ··················· 2 1 0
8. 我的孩子在学校不听话 ················· 2 1 0
9. 我的孩子易嫉妒 ······················ 2 1 0
10. 我的孩子经常打架 ···················· 2 1 0
11. 我的孩子会打人 ······················ 2 1 0
12. 我的孩子会经常尖叫 ·················· 2 1 0

13. 我的孩子会夸耀自己 ········· 2　1　0

14. 我的孩子固执、忧郁或容易激怒 ········· 2　1　0

15. 我的孩子情绪容易突然变化 ········· 2　1　0

16. 我的孩子话太多 ········· 2　1　0

17. 我的孩子经常被捉弄 ········· 2　1　0

18. 我的孩子乱发脾气或脾气暴躁 ········· 2　1　0

19. 我的孩子会威胁他人 ········· 2　1　0

20. 我的孩子说话声音特别大 ········· 2　1　0

非常符合	有时符合	不符合

只根据**最近半年内**的情况回答。根据题意，请**圈出**最符合您的答案。

青少年行为量表

21. 我的孩子犯错后不感到自责 ········· 2　1　0

22. 我的孩子多管闲事 ········· 2　1　0

23. 我的孩子撒谎或欺骗 ········· 2　1　0

24. 我的孩子喜欢和年龄较大的儿童在一起 ········· 2　1　0

25. 我的孩子会离家出走 ········· 2　1　0

26. 我的孩子玩火(包括玩火柴或打火机等) ········· 2　1　0

27. 我的孩子在家偷东西 ········· 2　1　0

28. 我的孩子在外偷东西 ········· 2　1　0

29. 我的孩子会咒骂或讲粗话 ········· 2　1　0

30. 我的孩子对性方面的问题想得太多 ………… 2 1 0
31. 我的孩子逃学 ……………………………… 2 1 0
32. 我的孩子喝酒或使用成瘾药 ……………… 2 1 0
33. 我的孩子损坏公物 ………………………… 2 1 0

到此为止,感谢您的填答。

附录 4

第二次学生调研问卷

你好！首先恳请并感谢你能继续填答本问卷！这是一份关于学生社会资本和行为发展的研究问卷，旨在了解初中生社会资本和行为发展间的关联，本研究是纵向研究，此次为第二次资料搜集，也是最后一次。希望通过此研究能获得你的宝贵意见，以期对福建省青少年各项行为发展的因素，有更进一步的了解。本问卷作答之所有资料，如同上一次，**仅供学术研究用，绝不泄露你的个人资料**，敬请安心填答。你的鼎力协助将是使本课题研究得以顺利完成之关键，故恳请诚实填写，**请勿漏答**，也请你提醒父母亲完整填写家长问卷，并于一周内将家长问卷交予班主任，以便资料的整理分析。由衷期盼与感谢你的支持与合作，谢谢！

问卷号：_____   姓名：_____

填表人基本资料：请填写资料或在其中一个□内打 V

一、目前就读年级：□一年级(1) □二年级(2) □三年级(3)

二、性别：□女(1) □男(2)

三、年龄：□12岁(1) □13岁(2) □14岁(3) □15岁(4)
　　　　　□16岁(5)

四、你是否随父母亲从乡村迁移至城市求学：☐是的(1)
　　　　　　　　　　　　　　　　　　☐不是(2)
五、目前居住状态：☐和双亲同住(1) ☐和父亲同住(2)
　　　　　　　　　☐和母亲同住(3)

请回想**过去一周内**，你有没有做过下列的事情？
［说明］根据题意，**在其中一个**☐**内打 V**

第一部分：物质使用量表

你的抽烟情况：☐每周少于 1 次(1) ☐每周 1 支(2)
　　　　　　　☐每周 2～6 支(3) ☐每周 7 支及以上(4)

你的喝酒情况：☐每周少于 1 次(1) ☐每周 1 杯(2)
　　　　　　　☐每周 2～6 杯(3) ☐每周 7 杯及以上(4)

你使用不明药物的情况：☐每周少于 1 次(1) ☐每周 1 次(2)
　　　　　　　　　　　☐每周 2～6 次(3) ☐每周 7 次及以上(4)

	不符合	有点符合	完全符合

请依据你**过去半年内**的经验与事实，回答以下各题，**圈出**最符合的答案，请不要漏答！

第二部分：长处与困难量表

1. 我尝试对别人友善，并关心他们的感受 ………… 0　1　2
2. 我不能安定，不能长时间保持静止 ……………… 0　1　2
3. 我经常头痛、肚子痛或是恶心 …………………… 0　1　2

4. 我经常与他人分享(食物、游戏、笔……) ············ 0　1　2
5. 我容易感觉很愤怒,并常发脾气 ················· 0　1　2
6. 我宁愿一个人,不愿和同龄人待在一起 ·········· 0　1　2
7. 我通常依照吩咐做事 ···························· 0　1　2
8. 我有很多担忧 ···································· 0　1　2
9. 如有人受伤、沮丧或感到不适,我都乐意帮忙 ···· 0　1　2
10. 当坐着时,我持续不断地摆弄手脚或扭动身子 ··· 0　1　2
11. 我有一个或几个好朋友 ························· 0　1　2
12. 我经常与别人争斗,使别人依我想法行事 ······· 0　1　2
13. 我经常不快乐,心情沉重或流泪 ················· 0　1　2
14. 其他与我年龄相近的人一般都喜欢我 ············ 0　1　2
15. 我容易分心,不能全神贯注 ······················ 0　1　2
16. 我在新的环境中会感到紧张,很容易失去自信 ··· 0　1　2
17. 我会友善地对待比我年纪小的孩子 ·············· 0　1　2
18. 我经常被指撒谎或不老实 ······················· 0　1　2
19. 其他小孩或青少年常针对或欺负我 ·············· 0　1　2
20. 我经常自愿帮助别人(父母、老师、同学) ·········· 0　1　2
21. 我做事情前会思考 ······························ 0　1　2
22. 我从家中、学校或别处拿取不属于我的物件 ····· 0　1　2
23. 我与成年人相处较与同年纪的人相处融洽 ······· 0　1　2
24. 我有许多恐惧,我很易受惊吓 ···················· 0　1　2
25. 我能完成我正在做的事情,我的注意力良好 ······ 0　1　2

作答到此为止,请记得提醒家长再次填写家长版问卷,谢谢!

附录 5

第二次家长调研问卷

您好！首先恳请并感谢您能继续填答本问卷！这是一份关于学生行为的研究问卷，旨在了解贵子女的行为发展，本研究是纵向研究，此次为第二次资料收集，也是最后一次。希望通过此研究能获得您的宝贵意见，以期对福建省青少年各项行为发展有更进一步的了解。如同上次所强调，本问卷作答之所有资料，**仅供学术研究用**，**绝不泄露您的个人资料**，敬请安心填答。您的鼎力协助将是使本课题研究得以顺利完成之关键，故恳请诚实填写，**请勿漏答**，也请填写家长版问卷后，将问卷放于信封袋中，于一周内将家长问卷请子女交予班主任，以便资料的整理分析。由衷期盼与感谢您的支持与合作，谢谢！

填表人基本资料：请填写资料或在其中一个□内打 V

一、子女就读班级：＿＿＿＿＿＿

二、子女姓名：＿＿＿＿＿＿

三、填表人身份(尽量是上次的填表人)：

□母亲(1) □父亲(2) □祖父母(3) □家中其他人(4)

四、实际年龄：＿＿＿＿＿岁

五、您是否曾带子女从乡村迁移至城市求学与生活：

□是的(1) □不是(2)

| | 非常符合 | 有时符合 | 不符合 |

[说明]以下是描述您孩子的项目。只根据**最近半年内**的情况回答。每一项目后面都有三个选项。根据题意,请**圈出**最符合您的答案。

青少年行为量表

举例:

我的孩子很少有喜欢的东西·············· 2　1　0

若觉得上述句子非常符合,请将 2 圈起来;若觉得上述句子有时符合,请将 1 圈起来;若觉得上述句子不符合,请将 0 圈起来。下面的句子请依照自己的观察作答:

1. 我的孩子喜欢争论 ················ 2　1　0
2. 我的孩子喜欢吹牛或自夸 ············ 2　1　0
3. 我的孩子会虐待、欺侮或鄙视他人 ········ 2　1　0
4. 我的孩子需要别人经常注意自己 ········· 2　1　0
5. 我的孩子会破坏自己的东西 ············ 2　1　0
6. 我的孩子会破坏家里或其他儿童的东西 ····· 2　1　0
7. 我的孩子在家不听话 ··············· 2　1　0
8. 我的孩子在学校不听话 ·············· 2　1　0
9. 我的孩子易嫉妒 ·················· 2　1　0
10. 我的孩子经常打架 ················ 2　1　0
11. 我的孩子会打人 ················· 2　1　0
12. 我的孩子会经常尖叫 ··············· 2　1　0

13. 我的孩子会夸耀自己 ············· 2　1　0
14. 我的孩子固执、忧郁或容易激怒 ······ 2　1　0
15. 我的孩子情绪容易突然变化 ········· 2　1　0
16. 我的孩子话太多 ················· 2　1　0
17. 我的孩子经常被捉弄 ············· 2　1　0
18. 我的孩子乱发脾气或脾气暴躁 ······· 2　1　0
19. 我的孩子会威胁他人 ············· 2　1　0
20. 我的孩子说话声音特别大 ········· 2　1　0

	非常符合	有时符合	不符合

只根据**最近半年内**的情况回答。根据题意，请**圈出**最符合您的答案。

青少年行为量表

21. 我的孩子犯错后不感到自责 ········· 2　1　0
22. 我的孩子多管闲事 ··············· 2　1　0
23. 我的孩子撒谎或欺骗 ············· 2　1　0
24. 我的孩子喜欢和年龄较大的儿童在一起 ··· 2　1　0
25. 我的孩子会离家出走 ············· 2　1　0
26. 我的孩子玩火（包括玩火柴或打火机等）··· 2　1　0
27. 我的孩子在家偷东西 ············· 2　1　0
28. 我的孩子在外偷东西 ············· 2　1　0
29. 我的孩子会咒骂或讲粗话 ········· 2　1　0

30. 我的孩子对性方面的问题想得太多 …………… 2 1 0
31. 我的孩子逃学 …………………………………… 2 1 0
32. 我的孩子喝酒或使用成瘾药 …………………… 2 1 0
33. 我的孩子损坏公物 ……………………………… 2 1 0

到此为止,再次感谢您的填答!

附录 6

参与福建省社会科学规划项目（FJ2020T007）人员名单

姓名	身份	工作时间	工作内容
张芳华	教师	2020.11—2021.6	调研规划,调研参与,问卷发放、搜集,写编码表,资料分析,专著撰写
吴喜双	教师	2020.11—2021.6	调研参与,问卷发放、搜集、编码,资料分析
崔艳芳	教师	2020.11—2021.6	调研参与,问卷发放、搜集、编码,资料分析
李付伟	教师	2020.11—2021.6	调研参与,问卷发放、搜集、编码,写编码表,专著撰写
冯瀚予	大四生	2020.11—2021.6	调研参与,问卷发放、搜集,资料编码
龙吉莲	大四生	2020.11—2021.6	调研参与,问卷发放、搜集,资料编码
段岩岩	大四生	2020.11—2021.6	调研参与,问卷发放、搜集,资料编码
陈淼萍	大四生	2020.11—2021.6	调研参与,问卷发放、搜集,资料编码
钟 倩	大四生	2020.11—2021.6	调研参与,问卷发放、搜集,资料编码
曾慧燕	大四生	2020.11—2021.6	调研参与,问卷发放、搜集,资料编码

(续表)

姓名	身份	工作时间	工作内容
张金凤	大四生	2020.12	调研参与、问卷发放、搜集、资料编码
梅怡静	大四生	2020.11—2021.6	问卷编号、搜集、整理、资料编码
张 颖	大四生	2020.11—2021.6	问卷编号、搜集、整理、资料编码
白新茹	大四生	2020.11—2021.6	问卷编号、搜集、整理、资料编码